Pia Deges

NATURFORSCHER
durch das Jahr

arsEdition

Inhalt

Sommer

Herbst

Entdeckerbogen
JANUAR

Raureif, Schnee und Eis: Im Januar bestimmt meist der Frost das Erscheinungsbild. Die Natur scheint eine Pause einzulegen. Trotzdem gibt es bei diesen kalten Temperaturen einiges zu entdecken. Viele Wasservögel sammeln sich an eisfreien Gewässern und mit etwas Glück sieht man schon die ersten Schneeglöckchen hervorschauen. Kreuze an, was du im Januar draußen in der Natur entdeckst oder erlebst!

Eiskristalle

☐ Schneeflocken können ganz verschieden groß sein. Sie setzen sich aus unterschiedlich vielen Schneekristallen zusammen. Jeder dieser Kristalle ist einzigartig, keiner gleicht einem anderen.

Kohlmeise

☐ Die Kohlmeise ist ein Standvogel, das heißt, sie bleibt im Winter hier. Sie hat ihren Namen wegen des kohlschwarzen Kopfes.

Schneeglöckchen

☐ Trotz eisiger Temperature durchbrechen die kleinen, weißen Blüten des Schneeglöckchens die Schneedecke und läuten langsam den Frühling ein.

Buntspecht

☐ Hör genau hin. An sonnigen Januartagen ist das Trommeln der Buntspechte zu hören. Mit ein bisschen Glück entdeckst du auch einen Specht am Futterhäuschen.

Spuren im Schnee

☐ Auf frischen Schneedecken kann man sie besonders gut entdecken. Aber auch im Matsch lassen sich Tierfährten lesen.

Schneemann

☐ Der 18. Januar ist Welttag des Schneemanns. Vielleicht hast du Glück und kannst einen bauen!

!!

Mach was!

Eislaterne

Wenn es draußen kalt ist und es früh dunkel wird, ist gemüt-
licher Kerzenschein in den Abendstunden wunderschön!
Mit Fundstücken aus der Natur und etwas Wasser
kannst du ein Teelicht zaubern.

Material-Checkliste:

- 1 kleiner Eimer aus Plastik
- Wasser
- Beeren
- Blüten
- Zweige
- 1 Trinkglas
- Steine
- 1 Teelicht

Zuerst stellst du das Trinkglas in den kleinen Eimer, so bekommt deine Laterne später ein Loch für die Kerze. Füll das
Glas mit Steinen, damit es nicht zu schwimmen beginnt. Nun
füllst du den Eimer mit Wasser bis knapp unter den Glas-
rand und legst Zweige, Blätter, Beeren oder Zapfen hinein.
Stelle ihn anschließend bei Minusgraden für einige Stunden
nach draußen oder alternativ ins Gefrierfach. Sobald alles
gefroren ist, löst du vorsichtig das Eis aus der Form. Mit
etwas warmem Wasser geht es leichter. Jetzt musst du
nur noch das Trinkglas entfernen und ein Teelicht in die
Öffnung geben, dann kann deine Eislaterne losfunkeln!

TIERSPUREN

Auf die Spuren, fertig, los!

Es hat geschneit? Der frische Schnee lockt Spurensucher und Tierforscher hinaus in die Winterwelt. Es geht auf Detektivjagd!

Anhand der Abbildungen könnt ihr die Fährten der Tiere entdecken und lesen. Wer ist hier durch den Schnee gestapft? Errätst du, welche Spur zu welchem Tier gehört?

TIPP: Steh ganz früh auf, dann kannst du im Wald oder Park die meisten Tierspuren entdecken!

Naturforscher-Beobachtungs-Logbuch

TIERSPUR ENTDECKT!

Tier	Datum
....	....
....	....
....	....
....	....
....	....
....	....
....	....

6

7

G

F

8

H

7

VÖGEL AM FUTTERHÄUSCHEN

Mehr als 100 Vogelarten leben auch im Winter bei uns. Rund ein Drittel davon kannst du im eigenen Garten beobachten. Besonders gut geht das mit einer Futterstation. Mit Kernen, Früchten und Nüssen lockst du Amseln, Meisen, Rotkehlchen, Finken und viele andere an.

Die Vögel haben unterschiedliche Futterwünsche. Lerne mehr über sie und sieh genau hin, wer sich dort am Futterhäuschen tummelt.

Kreuze an, welche Vögel du entdecken konntest!

Buchfink

☐ Er ernährt sich vor allem von Samen und Insekten. Im Winter mag er Sonnenblumenkerne, gehackte Nüsse und ölhaltige Samen wie Hanf oder Bucheckern.

Rotkehlchen

☐ Es gehört zu den sogenannten Weichfressern und ernährt sich von Insekten und deren Larven, Würmern, Ameisen und Raupen. Im Winter freut es sich über Haferflocken. Auch Rosinen und anderes Trockenobst schmecken ihm gut.

Star

☐ Durch den Klimawandel überwintern immer mehr Stare in ihrem Brutgebiet. Die Nahrung der Stare im Winter besteht aus Sämereien, Nüssen, Insektenlarven und Obst.

JANUAR

Amsel

☐ Am Futterhaus machst du sie mit Getreideflocken und Rosinen glücklich – am besten in Schalen oder Futterstationen auf dem Boden. Die Amsel ist nämlich keine besonders talentierte Turnkünstlerin.

Blaumeise

☐ Blaumeisen sind kleine Akrobaten. Sie sind viel kleiner als die häufig vorkommende Kohlmeise und auch Körnerfresser.

Buntspecht

☐ Sein Trommeln hört man schon von Weitem und sein Gefieder ist auffällig schwarz-weiß-rot gefärbt. Im Winter hängt er sich gerne an Meisenknödel oder stibitzt Samen, Früchte und Nüsse am Futterhäuschen.

Kohlmeise

☐ Man erkennt sie gut an ihren weißen Wangen, der gelben Unterseite mit dem schwarzen Längsstrich. Kohlmeisen sind Körnerfresser. Sie bevorzugen Sonnenblumenkerne und andere grobe Körner.

Grünspecht

☐ Er sucht seine Nahrung überwiegend am Boden. Um im Winter an sein Lieblingsfutter, die Ameisen, heranzukommen, gräbt der Grünspecht tiefe Löcher in die Ameisenhaufen. Gelegentlich frisst er auch Obst, Beeren und Sämereien.

Info-Box:

Hier kannst du dir die unterschiedlichen Vogelstimmen anhören:
deutsche-vogelstimmen.de

9

Was blüht denn da so früh?
SCHNEEGLÖCKCHEN

Der Trick der Schneeglöckchen

Wenn du im Januar die ersten Schneeglöckchen im Gras entdeckst, denkst du sicher auch: Endlich Frühling! Die Blumen gelten als Frühlingsboten. Doch es kann trotzdem noch mal richtig kalt werden.

Viele Pflanzen würden dann erfrieren. Aber das Schneeglöckchen übersteht die Minusgrade trotzdem.

Schneeglöckchen arbeiten mit Tricks, um jedes Jahr schon im Januar langsam ihre Blüte öffnen zu können.

Kleines Heizkraftwerk

Ist ihr Stoffwechsel mithilfe der Nährstoffe in der Blumenzwiebel einmal in Gang gesetzt, produzieren die Schneeglöckchen sogar eigene Biowärme. Damit bringen sie beim Austreiben den umliegenden Schnee zum Schmelzen und können so ungehindert an die Oberfläche gelangen.

Frostschutzmittel

Zum einen haben sie eine Art Frostschutzmittel in ihren Zellen. Dieses sorgt dafür, dass das Wasser in den Pflanzenzellen nicht gefriert.

Wasserspeicher

Zum anderen tricksen Schneeglöckchen die Kälte aus.
Wenn der Boden gefroren ist, können Pflanzen kein Wasser
mehr daraus aufnehmen. Schneeglöckchen speichern schon
vor dem Frost Wasser in ihren Zwiebeln unter der Erde.
So haben sie immer genug Wasser zur Verfügung.

!! Wusstest du schon, dass ...

... der englische Name Snowdrop (= Schneetropfen) lautet?

... Ameisen für seine Verbreitung sorgen?
Schneeglöckchen vermehren sich über Samen. An den einzelnen
Samenkörnern der Schneeglöckchen befindet sich ein sogenannter
Nährkörper. Und diesen fressen Ameisen liebend gern. Sie nehmen den
am Boden liegenden Samen, tragen ihn durch den Garten und fressen
den Nährkörper langsam auf. Wenn er aufgegessen ist, lassen die Ameisen den Samen einfach liegen und an der Stelle entwickelt sich
aus dem Samen ein neues Schneeglöckchen.

... du wild wachsende Schneeglöckchen weder sammeln,
abreißen oder ausgraben darfst? Sie stehen unter Naturschutz. Man kann sie aber im Gartencenter oder Bau-
markt kaufen.

... Schneeglöckchen giftig sind? Alle Pflanzenteile, besonders die Zwie-
bel, enthalten Giftstoffe. Nach Verzehr einer kleinen Menge von Blättern, Blüten, Zwiebeln oder Früchten können Magen- und Darmproble-
me mit Erbrechen, Bauchschmerzen und Durchfall auftreten.

Entdeckerbogen
FEBRUAR

Noch sind die Wälder kahl. Doch wenn du genau hinschaust, kannst du erste Frühlingsboten entdecken. Krokusse und Winterlinge blühen. Jetzt ist noch ausreichend Zeit, Nistkästen zu reparieren oder anzubringen, denn bereits im März beginnt die Brutzeit vieler Singvögel. Kreuze an, was du im Februar draußen in der Natur entdeckst oder erlebst!

Waldkauz

☐ In den Abend- und Nachtstunden kannst du Waldkauz-Männchen hören, die ihren Balzruf von sich geben, der sich anhört wie Hu-huuu.

Haselnuss

☐ Durch die Haselnussblüte wird die Pollensaison eröffnet. Die blühenden Haselnuss-Kätzchen sind ein wichtiger Pollenlieferant für Insekten.

Kranich

☐ Die nordwärts ziehenden Kraniche kann man gut an ihrer V-förmigen Flugformation am Himmel erkennen.

Zitronenfalter

☐ An wärmeren Tagen kannst du die ersten Zitronenfalter fliegen sehen. Sie haben den Winter in Winterstarre verbracht. Eine Art Frostschutzmittel in ihrem Körper sorgt dafür, dass sie wieder auftauen.

Zaubernuss

☐ Die Blüten der Zaubernuss haben einen Trick: Um sie vor Frost zu schützen, kringeln sich ihre Blütenblätter zusammen. Wenn es wärmer wird, entfalten sich die Blüten wieder.

Das habe ich außerdem entdeckt:

....

....

Gefrorene Seifenblasen

Draußen ist es gerade bitterkalt? Prima. Dann ist genau das richtige Wetter für diesen erstaunlichen Zaubertrick!

Gefrorene Seifenblasen ergeben wunderschöne Kunstwerke. Damit die leicht zerbrechlichen Seifenblasen im Winter gefrieren und nicht sofort in der Luft zerspringen, benötigst du die perfekte Seifenblasen-Mixtur.

Für gefrorene Seifenblasen brauchst du:

- 200 ml Leitungswasser
- 35 ml Maissirup
- 35 ml Spülmittel
- 2 EL Zucker
- Seifenblasen-Stab

Ganz wichtig: Damit deine Seifenblasen gefrieren, sind Temperaturen unter minus zehn Grad Celsius nötig.

Rühre zunächst alle Zutaten für die Seifenblasen-Mixtur zusammen und stelle die Flüssigkeit für 30 Minuten in das Gefrierfach.

Tauche den Stab in die Lauge und puste vorsichtig hindurch, damit eine Seifenblase entsteht.

Am besten funktioniert das Ganze, wenn du die Blase vorsichtig auf einen ebenen, kalten Untergrund pustest und nicht direkt in die Luft fliegen lässt. Dadurch wird die Seifenblase stabiler und die Wahrscheinlichkeit, dass sie gefriert, steigt!

Auf in den Winterwald!

Auch im Winter gibt es draußen viel zu entdecken. Und man kann auch bei frostigen Temperaturen eine Menge Spaß im Wald oder Park haben. Hier kommen ein paar Ideen.

Baumbestimmung

Kahle Bäume sehen sich auf den ersten Blick sehr ähnlich. Auch wenn sie keine Blätter haben, lassen sich die Baumarten anhand der Rinde bestimmen: Schau genau hin und kreuze an! Welche Bäume hast du entdeckt?

Rotbuche

☐ Glatte, leicht silbrige Rinde. Der häufigste Laubbaum bei uns.

Eiche

☐ Schwarzbraune Rinde mit tiefen Rissen.

Birke

☐ Leicht zu erkennen durch die weiße Rinde mit schwarzem Muster.

Tipp: Winterpicknick

Gerade im Winter kann es Spaß machen, ein kleines Draußen-Picknick im Wald zu veranstalten. Alles, was du dazu brauchst, ist leckeres Essen und ein paar Ausrüstungsgegenstände, damit es trotz Kälte gemütlich wird.

Wald-Tic Tac Toe

FEBRUAR

Material:
- 4 gerade Stöckchen
- Steine, Baumzapfen, Eicheln usw.

Dafür legt ihr vier Äste in Form von einem Kreuz auf Waldboden oder Wiese. Zwei Spieler treten gegeneinander an. Als Spielsteine sucht ihr euch Baumzapfen, Steine oder Eicheln. Jeder braucht fünf Stück von einer Sorte. Legt abwechselnd eure Spielsteine auf das Spielfeld. Der Spieler, der als Erster eine Dreierreihe in einer Zeile, Spalte oder Diagonale hat, hat gewonnen.

Wald-Memory

Und bevor es euch zu kalt wird, hilft nur Bewegung. Wie wäre es mit einem kleinen Spiel?

Ihr braucht:
10 verschiedene Waldgegenstände (Fichtenzweige, Blätter, Moos, Rindenstücke usw.), 2 Decken oder Tücher, Stoppuhr mit Sekundenzeiger

So geht's:
Sucht zehn verschiedene Waldgegenstände und breitet sie auf einer Decke aus. Mit der zweiten Decke oder einem Tuch verdeckt ihr sie wieder. Jetzt werden die Gegenstände für 30 Sekunden aufgedeckt und ihr schaut sie euch in Ruhe an. Dann hat jeder drei Minuten Zeit, so schnell wie möglich die gleichen Gegenstände aus dem Wald zusammenzusuchen und in der gleichen Anordnung vor sich hinzulegen.

Kröten im Anmarsch!

Wenn die Außentemperaturen steigen, erwacht die Kröte aus ihrer Winterstarre und verlässt ihr Winterquartier. Da nun die Paarungszeit beginnt, begibt sie sich auf die Wanderung zum Laichgewässer, um dort ihre Eier abzulegen.

Auf Wanderschaft

Eine Kröte schafft ungefähr 600 m pro Tag, wobei die Tiere vor allem nachts unterwegs sind. Insgesamt legen die Weibchen bei ihrer Wanderung eine Strecke von bis zu 5 km zurück.

Huckepack

Viele Männchen lassen sich von Weibchen zum Wasser tragen. Das liegt aber nicht daran, dass sie faul sind: Bei den Erdkröten gibt es weniger Weibchen als Männchen. Die Männchen wollen aber nicht leer ausgehen. Deshalb suchen sie sich auf dem Weg zum Gewässer eine passende Partnerin. Ist sie gefunden, klettert das Männchen auf den Rücken des Weibchens und klammert sich fest.

Kreuzkröte

Erdkröte

Kleines Kröten-QUIZ

Wo fühlen sich Kröten am wohlsten?

☐ in Sümpfen und Mooren
☐ im Laubmischwald
☐ in Graslandschaften

Lösung: Im Laubmischwald

Kröten können bis zu

☐ 6 Millionen Eier legen
☐ 6000 Eier legen
☐ 60 Eier legen

Lösung: 6000 Eier legen

Welche Aussage stimmt?

☐ Erdkröten können nicht quaken.
☐ Erdkröten fürchten sich vor Wasser.
☐ Erdkröten haben alle die gleiche Farbe.

Lösung: Erdkröten können nicht quaken.

Was fressen Kröten nicht?

☐ Schnecken
☐ Würmer
☐ Nüsse
☐ Spinnen

Lösung: Nüsse

Welche Aussage stimmt nicht?

☐ Die Haut der Kröten ist giftig.
☐ Weibliche und männliche Kröten sind gleich groß.
☐ Kröten können zwölf Jahre alt werden.

Lösung: Weibliche und männliche Kröten sind gleich groß.

17

Jäger der Nacht
WALDKAUZ

Spitz die Ohren!

Das »Hu-hu-huuu« des Waldkauzes finden viele unheimlich. Doch die nachtaktiven Vögel sind harmlos und friedfertig. Den Winter über kann man den Balzgesang aus Wäldern, Waldrändern und Parkanlagen hören. Die Männchen versuchen mit ihren Rufen, ein Weibchen anzulocken.

Lautlos durch die Dunkelheit

Waldkäuze sind Eulen und damit Vögel der Nacht. Sie leben im Wald, in Parks und sogar in Gärten. Ihre Spezialität: Sie fliegen völlig geräuschlos. So machen sie Jagd auf Mäuse und Maulwürfe, aber manchmal auch auf schlafende Singvögel. Die pflücken sie einfach von ihren Schlafplätzen im Baum.

Unsichtbar

Zu sehen bekommt man die Eulen nur selten. Ihre Greiffüße (Fänge) sind mit scharfen Krallen besetzt. Damit können Waldkauze Mäuse, Vögel oder Frösche fassen und töten. Bis zu 60 kg Fleisch futtert ein Pärchen innerhalb eines Jahres. Das entspricht einigen tausend Mäusen.

Unzertrennlich

Haben sich zwei Waldkäuze erst einmal gefunden, dann bleiben sie ihr Leben lang zusammen.

Kurz nach der erfolgreichen Balz sucht sich das Pärchen eine passende Wohnhöhle.

Das Weibchen legt bis Mitte März zwei bis sechs Eier. Nach etwa 30 Tagen verlassen die noch nicht ganz flugfähigen Jungtiere dann das Nest. Zuerst bewegen sie sich hüpfend von Ast zu Ast und werden von ihren Eltern drei Monate gefüttert. Ende Juli, Anfang August sind sie dann selbstständig genug, um selber für sich sorgen zu können.

Naturforscher-Beobachtungs-Logbuch

WO UND WANN HAST DU DIE RUFE DES WALDKAUZES GEHÖRT?

Ort	Datum
. . . .	. . . .
. . . .	. . . .
. . . .	. . . .
. . . .	. . . .
. . . .	. . . .
. . . .	. . . .
. . . .	. . . .

Der März bringt offiziell den Frühling. Am 20. März ist Frühlingsanfang. Viele Tiere erwachen aus dem Winterschlaf, Zugvögel kehren aus dem Süden zurück und in der Natur beginnt es zu surren. In den Wäldern kannst du grüne Blattspitzen und die ersten Blüten entdecken. Kreuze an, was du im März draußen in der Natur entdeckst oder erlebst!

Amsel

☐ Im März beginnt bei den Amseln die Brutzeit. Vor allem in den Abendstunden kann man ihren Gesang jetzt gut hören.

Weißstörche

☐ Die Rückkehr der Weißstörche ist auch ein Zeichen für den Frühling. Bis zu 10 000 km fliegen die Störche, um aus dem Winterquartier wieder in ihre Brutgebiete zu gelangen.

Buschwindröschen

☐ Frühblüher wie die Buschwindröschen müssen in den Wäldern die Zeit nutzen, bevor die Laubblätter der Bäume ihnen das Licht nehmen.

Hummel

☐ Die Hummelkönigin krabbelt aus ihrem Winterquartier. Sie braucht jetzt viel Energie, weil sie ganz bald mit dem Bau eines Nestes für ihren neuen Hummelstaat beginnen will.

Bärlauch

☐ Jetzt ist die Saison für Bärlauch. Wenn du durch den Wald läufst und es plötzlich nach Knoblauch riecht, hast du ihn gefunden.

Das habe ich außerdem entdeckt:

....

....

!!

Mach was!

Samenbomben

Gib der Welt mehr Flower-Power!
Mit ein paar Samenbomben kannst du Blumen pflanzen,
die für Vögel, Bienen, Schmetterlinge und Co. nützlich sind.
Eine gute Sache also!

Du brauchst:

- 5 Becher Blumenerde
- 5 Becher Heilerde
  (gibt's in der Drogerie)
- 1 Becher heimische Blumensamen

- 1–2 Becher Wasser
- 1 Schüssel
- Zeitungspapier

Schütte Blumenerde, Heilerde und Blumensamen in eine
Schüssel. Jetzt gibst du gerade so viel Wasser hinzu, dass
eine gebundene Masse entsteht. Verknete alle Zutaten miteinander und forme walnussgroße Kugeln daraus. Lass sie für
ein bis zwei Tage auf Zeitungspapier trocknen. Drehe sie alle
paar Stunden ein wenig, damit sie gleichmäßig durchtrock-
nen.

TIPP: Die Samenbomben sind auch ein tolles
Mitbringsel. Verschenke sie an Freunde und Familie.

Tock, tock, hier klopft der Frühling an
SPECHTE

Trommelwirbel

Wenn du im März im Wald spazieren gehst, kann es gut sein, dass du das Trommeln der Spechte hörst. Spechte singen nicht, sie trommeln zur Paarungszeit mit dem Schnabel auf trockene Äste, um Weibchen anzulocken.

Eigene Werkstatt

Im Winter klemmt der Specht einzelne Zapfen und Nüsse in eine Baumspalte und klopft so lange darauf herum, bis die Schalen kaputt gehen und er an den nahrhaften Inhalt gelangt. Diesen Ort nennt man Spechtschmiede.

Tiny House

Buntspechte sind Höhlenbrüter. Sie bauen ihre Höhle in 2–10 m Höhe. Dazu nutzen sie häufig kranke und weiche Bäume. Im April klopft das Vogelpaar zusammen eine neue Bruthöhle. Dort hinein legt das Weibchen vier bis sechs weiße Eier, die sie dann beide abwechselnd in ca. 14 Tagen ausbrüten. Die Jungen werden von beiden Eltern ca. 23 Tage mit Nahrung versorgt, bis sie ausfliegen.

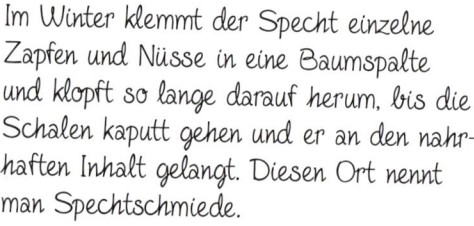

Hämmern ohne Kopfschmerzen

Spechte bekommen vom Trommeln keine Kopfschmerzen. Dafür sorgen ein ausgeklügelter Knochenbau und die Tatsache, dass ihr Gehirn fest im Kopf sitzt. Dadurch schaukelt es bei den Schlägen nicht hin und her.

Was fressen Buntspechte?

Die Nahrung der Buntspechte besteht aus Insekten und ihren Larven, Raupen, im Winter auch Beeren, Nüssen und Obst.

Wohnbaugesellschaft Specht

Alte Spechthöhlen sind für viele höhlenbrütende Tiere ein Glücksfall. So werden Waldkauz, Siebenschläfer, Eichhörnchen oder Hornissen gerne Nachmieter der verlassenen Spechthöhlen.

Naturforscher-Beobachtungs-Logbuch

WO UND WANN HAST DU EINEN SPECHT GEHÖRT ODER GESEHEN?

Ort	Datum
....	....
....	....
....	....
....	....
....	....
....	....
....	....

WER WAR DENN DAS?

Als Naturdetektiv kannst du im Wald Spuren entdecken, die dir verraten, wer hier unterwegs war. Weißt du, welche Spur zu wem gehört?

2
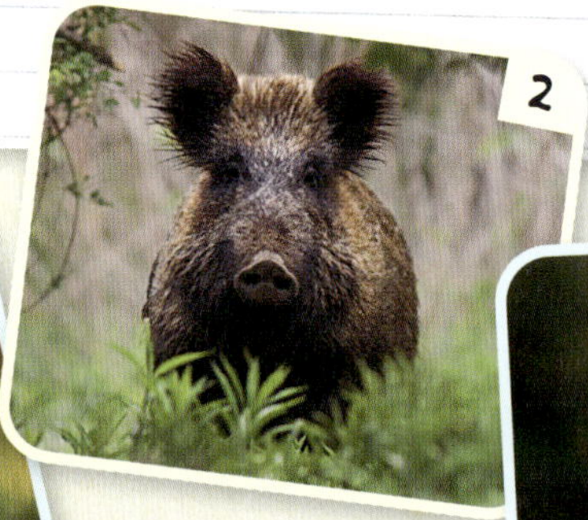

1
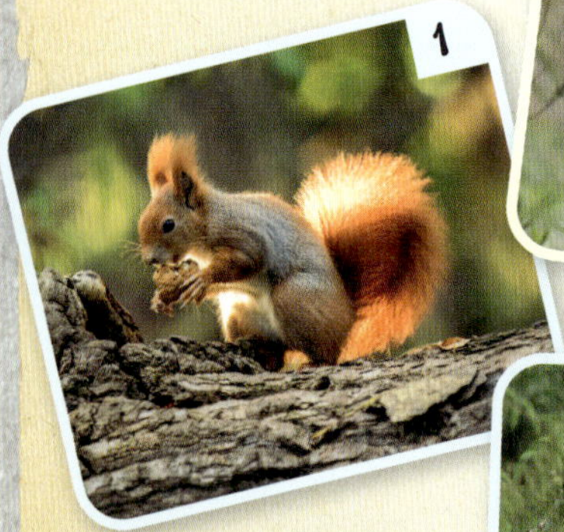

3
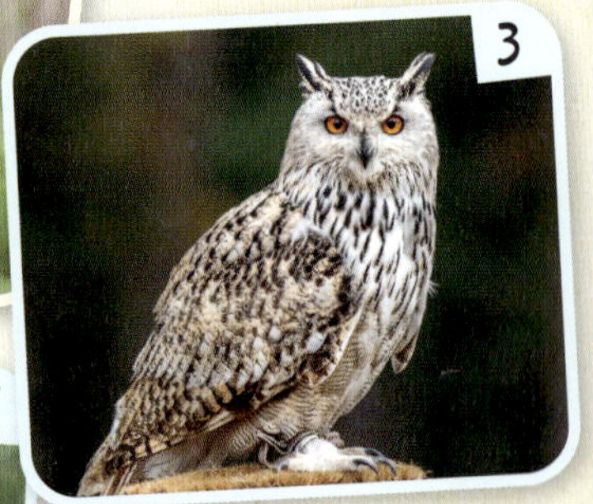

5
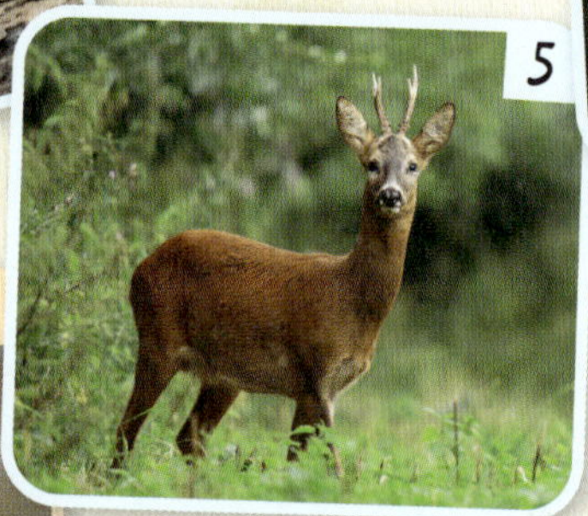

4
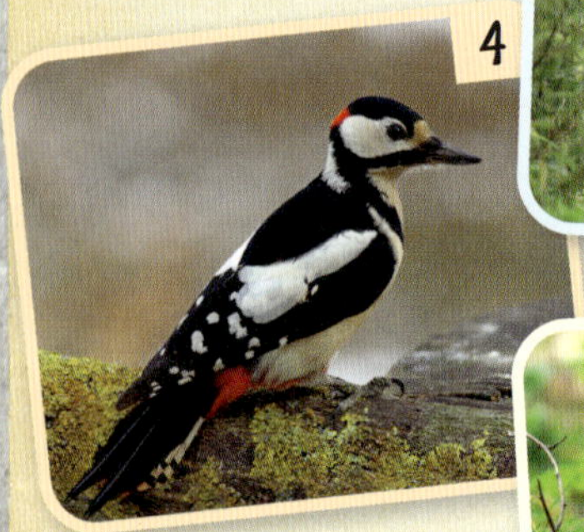

6
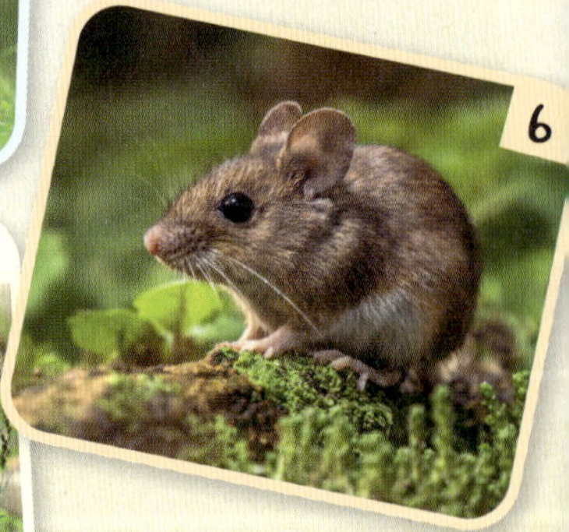

7
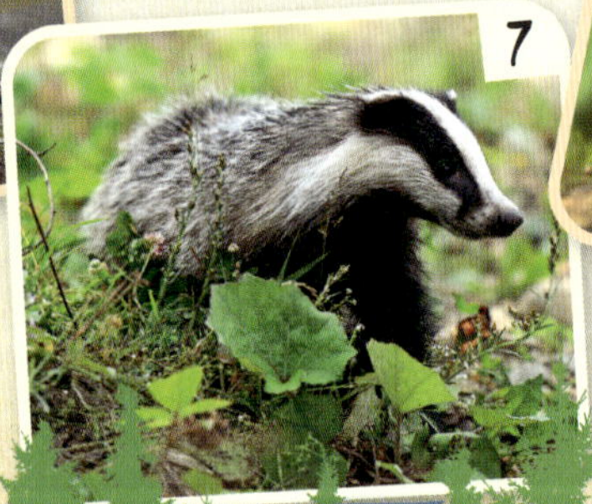

A

B

C

D

E

F

G

Lösung: 1D, 2B, 3E, 4A, 5G, 6F, 7C

Hummel

Im März machen sich Hummelköniginnen auf die Suche nach einem Nistplatz, an dem sie ein neues Hummelvolk gründen können. Dazu werden Totholzhaufen, Steinspalten und Mäuselöcher gründlich inspiziert, manchmal auch Vogelnester oder sogar Hausisolierungen.

Friedliche Tiere

Hummelarbeiterinnen besitzen zwar einen Giftstachel, aber stechen sehr selten (z. B. wenn sie ihr Nest verteidigen). Ihr Gift ist schmerzhaft, aber nur für Allergiker gefährlich.

Fracht-Jumbos

Die pelzigen Hummeln sind 18 Stunden pro Tag unterwegs und besuchen dabei rund 1000 Blüten. Im Gegensatz zu Bienen fliegen sie auch bei Regen und beladen sich mit bis zu 90 Prozent ihres Körpergewichts voll Nektar.

Hummelhilfe

Hin und wieder machen Schlechtwetterphasen unseren heimischen Hummeln stark zu schaffen. Wenn du eine entkräftete Hummelkönigin findest, löse einen halben Teelöffel Zucker in etwas lauwarmem Wasser auf und biete dem Tier davon etwas an. Innerhalb einiger Minuten kann sich die Hummel mit ihrem langen Saugrüssel mit bis zu einem Drittel Teelöffel energiereicher Zuckerlösung betanken.

Kleines Hummel-QUIZ

MÄRZ

Wer ist am größten?

☐ das Männchen (Drohne)
☐ die Arbeiterin
☐ die Königin

Lösung: Die Königin

Wie lange leben Hummeln normalerweise?

☐ einige Jahre
☐ wenige Tage
☐ einige Wochen bis zu einem Jahr

Lösung: Einige Wochen bis zu einem Jahr

Wo bewahrt die Hummel den gesammelten Blütenstaub auf, während sie fliegt?

☐ Sie packt den Blütenstaub wie einen Rucksack auf den Rücken.
☐ Sie schluckt den Blütenstaub und sammelt ihn in ihrem Magen.
☐ Sie streift den Blütenstaub mit den Vorderbeinen an ihren hintersten Beinen ab.

Lösung: Sie streift den Blütenstaub mit den Vorderbeinen an ihren hintersten Beinen ab.

Warum sind Hummeln bedroht?

☐ Es gibt immer weniger geeignete Wiesen und Nistplätze für die Hummeln.
☐ Es gibt zu viele Wespen, die Hummeln fressen.
☐ Das Wetter ist zu kalt für die Hummeln.

Lösung: Es gibt immer weniger geeignete Wiesen und Nistplätze für die Hummeln.

Entdeckerbogen APRIL

April, April – der macht, was er will! Das Wetter scheint im April oft Achterbahn zu fahren. Auf Sonnenschein fallen dicke Regentropfen und manchmal sogar Schneeflocken vom Himmel. Generell kommt der Frühling aber immer mehr auf Touren. Kreuze an, was du im April draußen in der Natur entdeckst oder erlebst!

Kirschblüte

☐ Im April ist Kirschblütenzeit. Ganze Bäume stehen dann in weißer Blütenpracht. Damit aus den Blüten später Früchte werden, sind fliegende Helfer erforderlich. Ohne Bienen gibt es keine Kirschen.

Regenbogen

☐ Das verrückte Wetter im April sorgt für viele Regenbogen. Immer, wenn Sonnenlicht auf Regentropfen trifft, kannst du einen Regenbogen entdecken.

Kuckuck

☐ Jetzt im April kann man ihn wieder rufen hören: den Kuckuck. Er ist aus seinem Winterquartier zurück und und markiert mit dem Ruf sein Revier.

Löwenzahn

☐ Überall sieht man jetzt Löwenzahn auf den Wiesen stehen. Wenn er verblüht, bildet sich eine Pusteblume mit bis zu 300 Schirmflieger-Samen.

Das habe ich außerdem entdeckt:

....

....

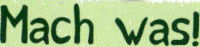

Mach was!

Salweiden vermehren

Salweiden stehen unter Naturschutz. Die Kätzchen der Salweide fühlen sich aufgeblüht so weich an wie Fell. Später bilden sich leuchtend gelbe Staubbeutel daran. Für Bienen und Tagfalter sind die Kätzchen im Vorfrühling die wichtigste Nahrungsquelle. So kannst du Salweiden als Stecklinge vermehren:

Du brauchst:

- Stecklinge von einer Salweide
- ein großes Einmachglas
- ein sonniges Plätzchen

Vorsicht! Da die Salweide unter Naturschutz steht, darfst du Stecklinge keinesfalls einfach von Sträuchern beziehungsweise Bäumen in freier Natur abscheiden. Vielleicht hat ein Bekannter eine Weide im Garten stehen, ansonsten bekommst du die Stecklinge auch im Fachhandel.

Und so wird's gemacht:

Damit das Experiment gelingt, müssen die Weidenstecklinge direkt nach der Blüte geschnitten werden. Suche dir ein sonniges Plätzchen auf der Fensterbank. Fülle Wasser in das Glas und stelle die Zweige hinein. Warte einige Tage und achte darauf, dass immer genügend Wasser im Glas ist. Die Zweige bilden nach wenigen Tagen Wurzeln und feine Austriebe. Nach einigen Wochen kannst du die kleinen Salweiden auch im Freien einpflanzen.

BRENNNESSEL

Warum brennen Brennnesseln?

Autsch! Fasst du die Blätter der Brennnessel an, dann
brennt es. Das macht die Brennnessel aber nicht aus Boshaftigkeit,
sondern um sich vor Tieren oder vor uns Menschen zu schützen.

Nimm ein Blatt genau unter die Lupe. Dann
entdeckst du viele kleine Härchen an Stängel
und Blättern. Diese Härchen sind mit einer
brennenden Flüssigkeit gefüllt.
Bei Berührung bricht die Spitze
der Härchen ab, die Flüssigkeit
spritzt in die Haut und es fängt an
zu brennen.

Brennnesseln und Schmetterlinge

Manchen Tieren können die Härchen nichts anhaben. Die Schmetterlinge
"Kleiner Fuchs" und "Tagpfauenauge" nutzen Brennnesseln als
Schutz und Futtervorrat für ihre Jungtiere. Sie kleben ihre
Eier an die Unterseite der Blätter. Wenn die Raupen schlüpfen, ernähren sich die Kleinen von der Pflanze. Gleichzeitig sind sie
vor hungrigen Feinden geschützt, denn diese trauen sich erst gar nicht an
die Brennnesseln heran. Ganz schön schlau, was?

Abenteuerfutter Brennnesselchips

Wenn du bei Brennnesseln nur an Unkraut denkst, hast du noch nie Brennnesselchips gegessen. Aus Brennnesseln kannst du nämlich richtig leckere Chips machen.

Du brauchst:

- eine Handvoll Brennnesselblätter
- Pfanne
- 3–4 EL Pflanzenöl
- Salz

Zuerst pflückst du mit Handschuhen eine gute Portion Brennnesselblätter. Am leckersten sind die kleinen, jungen Blätter. Wasche die Blätter ab und lege sie zum Trocknen auf ein Küchentuch.

Dann gibst du etwas Pflanzenöl in eine Pfanne und erhitzt das Ganze. Lass dir dabei von einem Erwachsenen helfen. Wenn das Fett heiß ist, fügst du die Brennnesselblätter hinzu und brätst sie unter ständigem Rühren so lange, bis sie knusprig und leicht gekräuselt sind.

Zum Schluss gibst du die Blätter in eine Schüssel und würzt sie mit Salz.

Erste Hilfe gegen das Brennen

Am besten helfen Blätter von Spitz- oder Breitwegerich gegen den Schmerz. Rolle die Blätter in deinen Händen zu einem Knäuel und drücke vorsichtig den Saft auf die verbrannte Stelle. Das Brennen lässt schnell nach!

INSEKTENHOTEL

Ohne Insekten, wie die Wildbienen, läuft in Sachen Bestäubung und Fortpflanzung bei den Blumen nichts. Wenn du ein Insektenhotel in deinem Garten eröffnest, bist du Hotelbesitzer, Umweltschützer und Baumeister zugleich.

Als Nisthilfe im Frühjahr und Sommer und auch als Überwinterungshilfe im Herbst und Winter kann ein Insektenhotel verschiedenen Insekten Unterschlupf bieten. Wildbienen, Florfliegen und andere Insekten freuen sich riesig über ein kuscheliges Plätzchen.

Du brauchst:

Konservendose, Bambusstäbe, Schnur, Watte, Bleistift, Zollstock, Füllmaterial: Holzwolle, Stroh, dünne Zweige; Dosenöffner, kleine Säge

An der leeren, sauberen Konservendose Deckel und Boden mit einem Dosenöffner entfernen.

Mithilfe des Zollstocks die Bambusstäbe vermessen: Mit Bleistift Abschnitte darauf markieren, sie sollten etwa 3–5 cm länger sein als die Höhe der Dose. Die Bambusstäbe dann mit einer kleinen Säge in entsprechende Stückchen sägen. Die Bambusstöckchen dürfen nur an einer Seite offen sein. Falls nötig, verschließt du sie mit Watte.

Schneide ein Stück Schnur zurecht und führe es als Aufhängung durch die Dose. Dann verknotest du die Enden. Dann kannst du die Dose mit den zurechtgesägten Bambusstücken befüllen.

Stecke das Füllmaterial in Form von Stroh, dünnen Zweigen oder Holzwolle schön dicht in die Zwischenräume.

Dann suchst du ein geschütztes, sonniges Plätzchen im Garten oder auf dem Balkon und hängst dein Insektenhotel dort auf.

FELDHASE ODER WILDKANINCHEN?

Gerade jetzt im Frühjahr begegnet man ihnen wieder häufig auf Spaziergängen. Ist da gerade ein Feldhase über den Weg gelaufen? Oder war das ein Wildkaninchen dort im Gras? Mit dieser Checkliste findest du es schnell heraus!

Feldhase

- ☐ lange Ohren und Beine
- ☐ Größe ca 50–60 cm
- ☐ Gewicht 4–5 kg
- ☐ Einzelgänger
- ☐ sehr scheu
- ☐ Wald, Feld, Wiese, Acker
- ☐ lebt über der Erde

Wildkaninchen

- ☐ Größe ca. 20–45 cm
- ☐ Gewicht 1–3 kg
- ☐ Gruppentier
- ☐ weniger scheu
- ☐ Wiese, Parks, Friedhöfe, Gärten
- ☐ lebt in einem unterirdischen Bau

Lieblingsspeiseplan:
Gräser, Kräuter, Blumen, Wurzeln, Knospen, Baumrinde

Tempomacher

Feldhasen erreichen Geschwindig-
keiten von bis zu 70 km/h.
Damit sind sie viel schneller als
die schnellsten Spitzensportler der
Welt, die ein Tempo um die
40 km/h hinkriegen.

Bademeister

Feldhasen können nicht nur
schnell rennen und hoch springen,
sie gelten auch als ausgezeichnete
Schwimmer. Obwohl sie das Wasser meistens meiden, können sie
längere Strecken schwimmen und
so auch Flüsse überqueren.

Kleine Klopfer

Durch schnelles Trommeln mit
den Hinterläufen auf den Boden
signalisieren Kaninchen Ärger,
Unbehagen, Aufregung oder Angst.
Damit warnen sie auch andere
Gruppenmitglieder.

Toptarnung

Junge Feldhasen kommen auf dem
offenen Feld zur Welt und sind
dort ungeschützt. Sie setzen ganz
auf ihre Tarnung. Wenn ein Feind
kommt, bleiben sie still liegen.

Entdeckerbogen
MAI

Der Mai wird auch Wonnemonat genannt. Er bietet die komplette Frühlingspalette: milderes Wetter, Blumenwiesen und die Tiere finden wieder jede Menge Nahrung. Nie wieder im Jahr ist das Grün der Blätter so intensiv. Kreuze an, was du im Mai draußen in der Natur entdeckst oder erlebst!

Rapsfelder

☐ Überall kannst du jetzt die prächtigen, gelben Rapsfelder entdecken. Geerntet wird er im Juli. Raps wird vielseitig verwendet, z. B. für Öl oder als Tierfutter.

Maiglöckchen

☐ Maiglöckchen duften intensiv und locken so Insekten an.
Aber Vorsicht: nur anschauen, nicht anfassen! Maiglöckchen sind sehr giftig.

Kaulquappen

☐ In Tümpeln und Teichen kannst du jetzt Kaulquappen beobachten. In den nächsten Wochen werden kleine Frösche oder Kröten aus ihnen.

Distelfalter

☐ Die Distelfalter sind aus Afrika zurück und legen auf Disteln ihre Eier ab. Die Schmetterlinge, die daraus entstehen, werden vor dem Winter wieder in den Süden fliegen.

Nacktschnecken

☐ Schnecken sind häufig nachtaktiv und lieben es feucht. Wenn es über Nacht geregnet hat, findet man morgens besonders viele.

Entenküken

☐ Mit ein bisschen Glück kannst du diesen Monat Stockentenküken entdecken.

Mach was!

Vogeltränke bauen

Wenn im Hochsommer wegen der Hitze Pfützen und Gräben ausgetrocknet sind, freuen sich Vögel über eine kleine Wassertränke, um ihren Flüssigkeitsbedarf zu decken. Außerdem kannst du sie so prima beim Baden und Trinken beobachten.

Du brauchst:

- eine flache Schale, z. B. den Untersetzer eines Blumentopfs
- ein paar Steine

Eine Vogeltränke ist ratzfatz gemacht!

Lege einen großen Stein in die Mitte des Untersetzers, ein paar kleine Steine legst du an den Rand. Dann füllst du den Teller mit Wasser, ca. 3 cm hoch. Stelle deine Vogeltränke an eine erhöhte Stelle, z. B. auf eine Mauer oder eine Kiste. Der Rand des Untersetzers und der Stein dienen den Vögeln als Landeplätze und der erhöhte Platz sorgt für einen guten Überblick.

Tipp: Vögel wollen sich sicher fühlen. Wichtig ist deshalb, dass die Tränke an einem gut einsehbaren Platz steht und nicht direkt vor Büschen steht.

MAIKÄFER

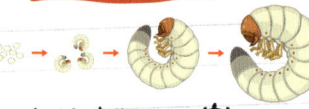

Im Mai ist Maikäferzeit!

Alle vier Jahre gibt es besonders viele von ihnen. Das liegt daran, dass die Maikäfer vier Jahre brauchen, um sich vom Ei zum fertigen Käfer zu entwickeln. Aus dem Ei schlüpft zunächst eine Larve, die man »Engerling« nennt. Sie lebt unter der Erde und frisst Wurzeln. Nach drei Jahren wird sie erwachsen und verwandelt sich in den fertigen Maikäfer. Dieser überwintert noch einmal unterirdisch. Besonders im Mai kann man sie entdecken — daher der Name. Nach der Paarung und der Eiablage sterben die Tiere.

Zebralook

Maikäfer werden 2–3 cm lang. Sie haben — wie alle Insekten — sechs Beine. Typisch für Maikäfer sind die braunen Flügel, das schwarze Halsschild sowie das schwarz-weiße Zickzackmuster an der Seite.

Gefräßige Tierchen

Engerlinge können ganze Gemüseäcker und Getreidefelder vernichten, weil sie Pflanzenwurzeln abknabbern.

Erwachsene Käfer fressen sogar ganze Bäume kahl.

Achtung, Absturzgefahr

Maikäfer sind keine guten Flieger. Daher fliegen sie nur, wenn es unbedingt notwendig ist, und legen keine langen Strecken zurück. Die meiste Zeit des Tages verbringen sie mit dem Fressen.

Mit lautem Brummen erhebt sich ein Maikäfer in die Lüfte.

Die Fühler des Maikäfers haben fedrige Enden.

Ganz schöner Speckmops: die Larve eines Maikäfers.

An den dreieckigen Flecken auf der Seite kannst du den Maikäfer gut erkennen.

Naturforscher-Beobachtungs-Logbuch

MAIKÄFER GESICHTET

Ort   Datum

. . . .

. . . .

. . . .

. . . .

. . . .

. . . .

. . . .

. . . .

Regenwurm

Regenwürmer sind in jedem Garten gern gesehene Gäste.
Sie lockern das Erdreich und düngen den Boden.

Regenwurm-Beobachtungen:

Hättest du das gewusst?

Regenwürmer sind blind, taub und stumm, gehören aber zu den stärksten Tieren der Welt. Unter einem Quadratmeter Wiese leben rund 100 Regenwürmer.

Sehr gefräßig

Regenwürmer sind sehr gefräßig. Sie können bis zur Hälfte ihres eigenen Körpergewichts fressen — an nur einem Tag!

Easy Partnersuche

Regenwürmer sind gleichzeitig männlich und weiblich, deswegen finden sie sehr schnell einen Partner. Sie passen sich einfach der Situation an!

Achtung, Nichtschwimmer!

Sie leben in feuchten Zonen, aber nie im Wasser! Regenwürmer atmen durch ihre feine Haut, die immer befeuchtet bleiben muss. Pfützen oder Überschwemmungen sind jedoch tödlich für sie.

Megastark

Der Regenwurm gehört im Verhältnis zu seiner Körpergröße zu den stärksten Tieren dieser Welt. Er kann das 60-Fache seines eigenen Körpergewichts stemmen. Umgerechnet auf einen 80 kg schweren Mann entspricht das 4,8 Tonnen.

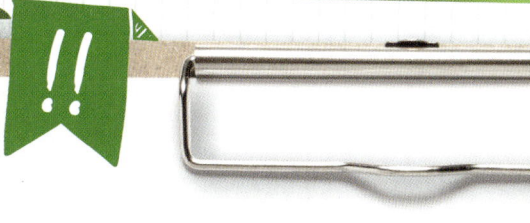

Regenwurmhotel

Hast du Lust, den Regenwürmern einmal bei ihrer Arbeit zuzusehen? Hier kommt eine Anleitung für eine Regenwurm-Beobachtungsstation.

Du brauchst:

Einmachglas (ca. 1 l) mit Deckel, Komposterde und Sand, Laub, Rasenschnitt, Kaffeesatz zum Füttern, Sprühflasche mit Wasser, 5 Regenwürmer, kleinen Pappkarton, in den das Gefäß gestellt werden kann, Handtuch zum Abdecken

Und so geht's:

Schichte immer abwechselnd Erde und Sand in das Glas, bis es fast voll ist, und feuchte den Boden mit der Sprühflasche gut an.

Dann legst du die Regenwürmer vorsichtig auf die Oberfläche.

Bedecke die Oberfläche mit Blättern, Rasenschnitt und etwas Kaffeesatz und lege den Glasdeckel auf das Einmachglas. Dann stellst du es in den Karton und legst das Handtuch darüber. So haben deine Regenwürmer genügend Feuchtigkeit und Schutz vor Sonnenlicht.

Stell deine Regenwurm-Beobachtungsstation an einen möglichst kühlen Ort.

Alle zwei bis drei Tage deckst du das Glas auf und sprühst mit der Sprühflasche etwas Wasser auf die Bodenoberfläche, damit alles schön feucht bleibt. Nach einigen Tagen kannst du beobachten, wie die Würmer die Erde immer mehr vermischen.

Schleimige Kriecher
Kleine Schneckenkunde

Schnecken gehören nicht gerade zu den Lieblingstieren der Menschen. Sie sind weder niedlich noch flauschig, sondern schleimen sich durch's Leben. Man unterscheidet sie in Nacktschnecken und Gehäuseschnecken.

Wie schnell ist eigentlich das »Schneckentempo«?

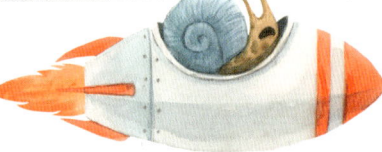

Beim Wettrennen hätten Schnecken keine Chance. Eine Weinbergschnecke kommt auf 7–8 cm pro Minute. Eine Nacktschnecke käme auf 11–12 cm pro Minute, wenn sie die ganze Zeit Vollgas gibt.

!! Wusstest du schon, dass ...

... Schnecken lFeuchtigkeit lieben und beim Kriechen eine Schleimspur hinterlassen. Besonders gut lassen sich Kriechbewegung und Schleimspur beobachten, wenn du eine Schnecke auf eine Glasplatte oder in eine Glasschüssel setzt. Du kannst beobachten, dass sie sich auf einer Schleimspur fortbewegt, die sie selbst produziert. Dieser Schleim ist so eine Art »Straßenbelag«, den die Schnecke aufträgt, um ihren empfindlichen Körper vor Verletzungen zu schützen.
Mit dieser Technik überwindet sie jedes Hindernis. Sie kann sogar über eine messerscharfe Rasierklinge kriechen, ohne sich zu verletzen.

Wenn es dunkel wird ...

Schnecken sind häufig nachtaktiv und lieben es feucht. Wenn es über Nacht geregnet hat, findet man morgens besonders viele Schnecken.

Gartenschreck

Vor allem Nacktschnecken sind der Schrecken der Gärtner. Sie fressen mit Vorliebe alles an Pflanzen, was zart ist.

Zahnlos, aber gefräßig

Keine Schnecke hat richtige Zähne, aber alle haben eine Raspelzunge. Die Landschnecken schaben damit Pflanzenteile ab wie mit einer Feile.

Wozu braucht die Schnecke ihr Schneckenhaus?

Es besteht aus festem Kalk und schützt sie gegen zahlreiche Fressfeinde. Auch sind die wichtigsten Organe der Schnecke im Schneckenhaus. Im Spätherbst verschließt die Schnecke ihr Haus mit einem Deckel aus Kalk. Dann fällt sie in die Winterstarre und wacht erst im nächsten Frühjahr wieder auf.

Wer schleimt denn hier?

Kannst du diese Schnecken im Garten, Park oder Wald entdecken? Kreuze an.

Weinbergschnecke

Hainbänderschnecke

Rote Wegschnecke

LÖWENSTARKER LÖWENZAHN

Gerade leuchtet er wieder in einem knalligen Gelb, man sieht ihn auf Wiesen, in Gärten und am Wegesrand: den Löwenzahn. Er verwandelt sich im Laufe seiner Entwicklung zu einer wunderschönen Pusteblume.

Wenn der Wind kräftig weht oder jemand sie anpustet, fliegen die einzelnen Samenschirmchen durch die Luft und verbreiten die Pflanze so.

Man kann spannende Dinge aus Löwenzahn machen.

Schicke Blüten-Tattoos mit Löwenzahnkleber

Wie wäre es mit einem Blumen-Tattoo, das direkt aus dem Garten kommt und kein bisschen weh tut?

Du brauchst:

- 1 dicken Blütenstängel Löwenzahn
- ein paar kleine Blüten

Sammle ein paar kleine Blüten wie z. B. von Gänseblümchen, Butterblumen oder Vergissmeinnicht. Die Milch des Löwenzahns funktioniert prima als Naturkleber. Stemple mit dem Blütenstängel kleine Tropfen auf die gewünschte Hautstelle und drücke dann eine der Blüten darauf. Halte sie noch kurz fest, bis sie kleben bleibt.

Entfernen lässt sich das Tattoo leicht mit Wasser und Seife!

Löwenzahnhonig

Schleckermäuler, aufgepasst! Nimm den Bienen die Arbeit ab und mache Honig aus Löwenzahnblüten. Das ist ganz leicht, aber lass dir dabei trotzdem von einem Erwachsenen helfen!

Du brauchst:

- 500 g Löwenzahnblüten
- 3 kg Kristallzucker
- 3 Bio-Zitronen

Pflücke die Löwenzahnblüten an einem sonnigen, warmen Tag und zupfe die gelben Blütenblätter aus dem Blütenkörbchen. Dann gibst du die Blütenblätter zusammen mit 3 l Wasser in einen Topf und bringst das Ganze zum Kochen. Nimm den Topf von der Kochstelle und lass das Gemisch am besten über Nacht ziehen.

Am nächsten Tag gießt du alles durch ein Haarsieb und drückst die Blätter gut aus. Dann kochst du das Ganze erneut auf und gibst den Zucker und die in Scheiben geschnittenen Zitronen dazu. Bei geringer Hitze 3–4 Stunden ohne Deckel köcheln lassen. Je länger du den Honig einkochst, desto zähflüssiger wird er. Anschließend kannst du ihn in saubere Gläser mit Schraubdeckel füllen, sofort verschließen, mit dem Deckel nach unten auf ein Geschirrtuch stellen und auskühlen lassen.

Löwenzahnhonig unterscheidet sich im Geschmack kaum von Waldhonig.

Entdeckerbogen
JUNI

Am 21. Juni ist Sommeranfang und gleichzeitig der längste Tag auf der Nordhalbkugel. Auch in diesem Monat gibt es viel zu entdecken! Kreuze an, was du im Juni draußen in der Natur entdeckst oder erlebst!

Marienkäfer-Larve

☐ Die Marienkäfer-Larve schlüpft aus gelben Eiern. Sie sieht ganz anders aus als der Käfer, in den sie sich nach ein bis zwei Monaten verwandelt.

Mohn

☐ Die leuchtend-roten Blüten des Klatschmohns kannst du jetzt an Wegrändern und auf Bahndämmen, auf Feldern und Wiesen entdecken. Seine Samen verteilt der Mohn wie ein Pfefferstreuer aus seinen Kapseln.

Walderdbeeren

☐ Die Walderdbeeren sind reif! Sie sind deutlich kleiner als die Gartenerdbeeren, die du im Supermarkt kaufen kannst. Du findest sie an Waldrändern, Waldwegen und auf Lichtungen.

Schaumzikaden

☐ Du kannst jetzt oft an Grashalmen und Stängeln kleine Schaumgebilde beobachten. Was aussieht wie Spucke ist in Wirklichkeit der Larvenschutz der Schaumzikaden. Er schützt die Larven vor Austrocknung und Fressfeinden.

Johanniskraut

☐ Johanniskraut ist ein wirksames Heilmittel, das unter anderem als Beruhigungsmittel verwendet wird.

Das habe ich außerdem entdeckt:

....
....
....

Mach was!

Holunderblütensirup

Von Ende Mai bis Juli blüht der Holunder. Hast du Lust, aus den Blüten Sirup zu machen? Hier kommt das Rezept.

Du brauchst:

- 20 Holunderblütendolden
  (der Schirm der Pflanze, der die Blüten trägt)
- 5 Bio-Zitronen
- 120 g Zitronensäure
- 3 kg Zucker
- 3 l Wasser

So geht's!

Holunderblüten solltest du am besten um die Mittagszeit sammeln, wenn die Sonne scheint.

Achte darauf, dass du nur weiße Dolden pflückst. Die Dolden schüttelst du vorsichtig, sodass kleine Insekten abgeschüttelt werden.

Dann kochst du das Wasser mit dem Zucker auf, bis sich der Zucker vollständig aufgelöst hat. Die Zitronen waschen und dann in Scheiben schneiden. Wenn die Zuckerlösung abgekühlt ist, Zitronen, Zitronensäure und Holunderblüten zugeben. Abgedeckt drei Tage stehen lassen. Rühre die Mischung jeden Tag vorsichtig um.

Dann kochst du sie erneut auf, gießt sie durch ein Küchenhandtuch ab und füllst sie in saubere Flaschen.

GLÜHWÜRMCHEN

Jedes Jahr im Juni schwärmen die kleinen, grünen Fackelträger auf der Suche nach einer Partnerin durch unsere Wälder.

Kurze Lovestory

Kurz nach dem Kennenlernen geht bei den Käfern das Licht aus: Sie sterben nach der Paarung. Das Weibchen legt vorher noch seine Eier am Boden ab.

Drei Jahre, bis ein Licht aufgeht

Die meiste Zeit seines Lebens verbringt ein Glühkäfer als Larve. Ganze drei Jahre dauert dieses Stadium. In dieser Zeit lebt die Larve am Boden, verspeisten Schnecken und verkriecht sich tagsüber im warmen, feuchten Laub. Irgendwann verpuppt sich das »Würmchen« und verbringt eine Woche im Puppenstadium, bevor es zwischen Juni und Juli seinen großen Auftritt als Leuchtkäfer hat.

Bei Tag sieht ein Leuchtkäfer so aus. Er ist unscheinbar, ca. 10 mm groß und schwarzbraun.

Leuchtkäfer haben an der Unterseite ihres Bauchs Leuchtorgane, in denen eine biochemische Reaktion abläuft. Frei werdende Energie wird dabei in Licht umgewandelt.

Von wegen Würmchen!

Auch wenn sie Glühwürmchen genannt werden – die tanzenden, leuchtenden Punkte sind eigentlich gar keine Würmchen, sondern Käfer. Und zwar die Männchen des Leuchtenden Glühkäfers. Sie fliegen, leuchten und halten nach Weibchen Ausschau. Diese hocken auf Blättern oder Gräsern, wo sie ebenfalls blinken und leuchten, um Männchen herbeizulocken.

Hier kannst du Glühwürmchen am besten beobachten:

Waldränder, Gebüsche, feuchte Wiesen, Gärten, Parks

Naturforscher-Beobachtungs-Logbuch

Ort	Datum
. . . .	. . . .
. . . .	. . . .
. . . .	. . . .
. . . .	. . . .
. . . .	. . . .
. . . .	. . . .
. . . .	. . . .

GLÜHWÜRMCHEN ENTDECKT:

WAS BLÜHT DENN DA AM WEGESRAND?

Sommerzeit ist Blumenzeit. Wenn du über Felder und durch den Wald läufst, begegnen dir überall prächtige Wildblumen. Als Wildblumen bezeichnet man blühende Wildpflanzen – also Pflanzen, die ohne menschliche Pflege wachsen.
Welche dieser Wildblumen kannst du auf deinem nächsten Spaziergang finden?

Kornblume

Margerite

Klatschmohn

Wilde Möhre

Glockenblume

Kamille

Kriechender Hahnenfuß

Rotklee

Blütenpresse

Im Frühling und Sommer ist die beste Zeit, um Pflanzen zu sammeln. Wenn du diese Schönheit bewahren möchtest, kannst du das mit einer Blütenpresse tun.

Du brauchst:

- saugfähiges Papier, z.B. Zeitungen/Küchenrolle
- frische Blumen
- schwere, dicke Bücher

Sammle auf deinem nächsten Spaziergang Blumen deiner Wahl und transportiere sie in einer Plastiktüte nach Hause, damit sie nicht welken.

Zu Hause solltest du sie dann direkt pressen.

Lege Zeitungspapier oder ein Blatt Küchenrolle in ein aufgeklapptes Buch. Deine Blumenschätze legst du mit dem Kopf nach unten darauf. Die Blumen sollten nicht übereinander liegen oder geknickt sein. Lege eine zweite Lage Papier darüber und notiere Namen, Fundort und Datum darauf. Dann klappst du das Buch vorsichtig zu und beschwerst es mit weiteren dicken Büchern.

Nach zwei bis vier Wochen kannst du die getrockneten Blumen herausnehmen, in ein Album kleben und beschriften.

Tipp:

Im Herbst kannst du auf diese Weise auch bunte Laubblätter pressen!

Bienen
und andere Summer

Bienen sind fleißige Helfer des Menschen: Sie liefern uns Honig und sorgen dafür, dass wir reichlich Früchte ernten können, weil sie die Blüten der Pflanzen bestäuben. Ohne Wild- und Honigbienen gäbe es kein Obst, kein Gemüse und keine Blumen.

Die Chefin

In jedem Bienenvolk gibt es genau eine Königin. Sie ist länger als die anderen Bienen und kann als Einzige Eier legen, aus denen neue Bienen schlüpfen. Sie legt bis zu 2000 Eier am Tag.

Die Arbeiterinnen

Ein Bienenvolk besteht fast ausschließlich aus unfruchtbaren Weibchen, den Arbeiterinnen. Bis zu 60 000 gibt es davon in einem Bienenstock. Sie übernehmen je nach Alter unterschiedliche Aufgaben: Waben reinigen, Wabenbau, die Bienenlarven füttern, Honigzubereitung, Wächterdienst, Pollen und Nektar sammeln.

Die Drohnen

Männliche Tiere gibt es nur für ein paar Wochen im Jahr. Ihr einziger Lebenszweck ist, die Königin auf ihrem Hochzeitsflug zu begatten. Sie sterben direkt nach der Paarung. Sie haben keinen Stachel.

Für 500 g Honig muss ein Bienenvolk umgerechnet dreimal um die Erde fliegen.

Rettet die Bienen!

JUNI

Seit Jahren beobachten Forscher, dass immer weniger Bienen existieren. Ein wichtiger Grund ist, dass vor allem Wildbienen durch den Einsatz von Pflanzenschutzmitteln in der Landwirtschaft geschwächt werden.

Das kannst du tun:

Pflanze bienenfreundliche Pflanzen wie z. B. diese hier:

Verbene

Lavendel

Margeriten

Ringelblume

Kapuzinerkresse

Nicht verwechseln:

Honigbiene

Wespe

Hornisse

53

REHKITZ-ZEIT

Der Nachwuchs der Rehe kommt im Mai und Juni auf die Welt. Rehkitze haben ein rotbraunes Fell mit weißen Tupfen. Dieses Fell soll sie tarnen, denn in den ersten vier Lebenswochen begleitet das Rehkitz seine Mutter noch nicht. In dieser Zeit sitzt es an einem geschützten Ort, wo es am Boden zusammengerollt auf die Mutter wartet.

Extra-Info

Zu einer Rehfamilie gehören Mutter, Vater und Kind.
Rehmänner heißen Rehböcke und haben ein Geweih.
Frauen heißen Ricken, die Kinder nennt man Kitze.

Nicht streicheln!

Bei Gefahr verlässt die Mutter ihr Junges, um mögliche Feinde von dem Kleinen fortzulocken. Sie kommt aber später zurück. Falls du ein verlassenes Rehkitz entdeckst, streichle es auf keinen Fall. Wenn ein Fremdgeruch an ihm haftet, versorgt die Ricke es nicht mehr.

Augen auf!

Entdeckst du bei deinem nächsten Spaziergang diese Spuren?

Trittspur

Kotspur

Fraßspur

Wusstest du ...?

Rehe sind wie Kühe Wiederkäuer und haben vier Mägen.

Davor fürchten sich Rehe:

Fuchs

Wolf

Luchs

Hund

55

Entdeckerbogen JULI

Jetzt ist es richtig Sommer, die Natur scheint ein bisschen zur Ruhe zu kommen. Und auch die Singvögel werden ruhiger. Die Balzzeit ist vorbei und sie sind mit der Aufzucht ihrer Brut beschäftigt. Kreuze an, was du im Juli draußen in der Natur entdeckst oder erlebst!

Fingerhut

☐ Auf Waldlichtungen und an Wegrändern blüht jetzt der Rote Fingerhut. Seinen Namen verdankt er den becherförmigen Blüten. Achtung! Die Pflanze ist sehr giftig.

Glühwürmchen

☐ Es ist wieder Glühwürmchenzeit! Mit ein bisschen Glück kannst du sie in trockenen Sommernächten an Waldrändern, Wiesen, Hecken oder Gewässern entdecken.

Waldschmetterlinge

☐ Waldschmetterlinge haben im Juli ihre Hauptzeit. Vielleicht kannst du in Laub- und Mischwäldern einen Großen Schillerfalter beobachten.

Jungfrösche

☐ In Tümpeln und Teichen haben sich aus den wimmelnden Kaulquappen kleine Frösche entwickelt.

Kirschzeit

☐ Anfang Juli ist Haupterntezeit für Kirschen. Dicht aneinandergedrängt hängen sie jetzt rot leuchtend an den Bäumen.

Das habe ich außerdem entdeckt:

....

....

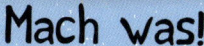
Mach was!

Ohrwurmglocke

Ohrwürmer sind die perfekte Geheimwaffe gegen Blattläuse. Mache sie dir zunutze, indem du ihnen ein gemütliches Plätzchen baust!

Du brauchst:

- dicke Schnur (50 cm)
- 1 kleinen Ast
- 1 Ton-Blumentopf mit Loch
- Füllmaterial wie Blätter, Moos, Heu oder Holzwolle

Verknote das Ende der Schnur fest an dem kleinen Ast. Fädele das andere Ende der Schnur durch das Loch im Boden des Tontopfes. Lass den Stock locker heraushängen.

Dann füllst du das Innere des Topfes mit deinem Füllmaterial. Stopfe es leicht hinein und zieh den Ast jetzt so darüber, dass er das Füllmaterial in der Glocke hält.

Dann hängst du die Ohrwurmglocke an einem Ort mit Blattläusen auf.

Wusstest du ...?

Die großen Zangen am Hinterleib benutzt der Ohrwurm für die Jagd und zur Verteidigung. Für Menschen ist er aber völlig ungefährlich.

Schmetterlinge

Im Frühjahr und Sommer siehst du viele Schmetterlinge in Gärten und Parks umherflattern. Es gibt sie auf der ganzen Welt außer in der Antarktis. Mit ihren Fühlern können sie tasten, riechen, schmecken und manchmal sogar die Temperatur spüren. Der Mund ist meist ein Saugrüssel. Mit ihm saugen Schmetterlinge den Nektar aus den Blüten.

Toptarnung

Raupen können sich nicht verteidigen. Sie müssen sich also gut tarnen, deshalb sind viele von ihnen grün oder bräunlich. Andere täuschen einfach mit grellbunten Farben vor, dass sie giftig seien.

Schau mir in die Augen!

Mit zusammengeklappten Flügeln sieht der Schmetterling wie ein welkes Blatt aus. Öffnen einige Schmetterlinge ihre Flügel, erscheint ein Muster. Für einen Feind sieht es wie ein großes Paar Augen aus, sodass er sich erschrickt. Der Schmetterling nutzt die Schrecksekunde zur Flucht.

Eine Raupe ist die Larve eines Schmetterlings und einiger anderer Insekten. Die Raupe schlüpft aus dem Ei. Sie frisst sehr viel, wächst schnell und verpuppt sich dann. In der Puppe verwandelt sie sich, schlüpft aus und entfaltet ihre Schmetterlingsflügel.

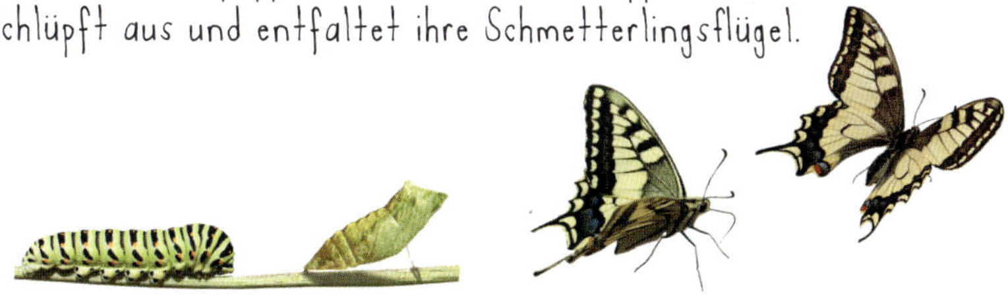

Aber weißt du auch, welche Raupe zu welchem Schmetterling wird?

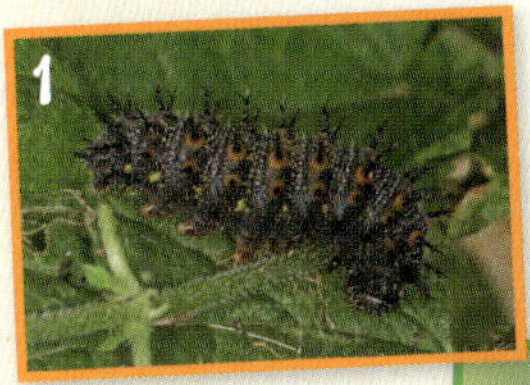

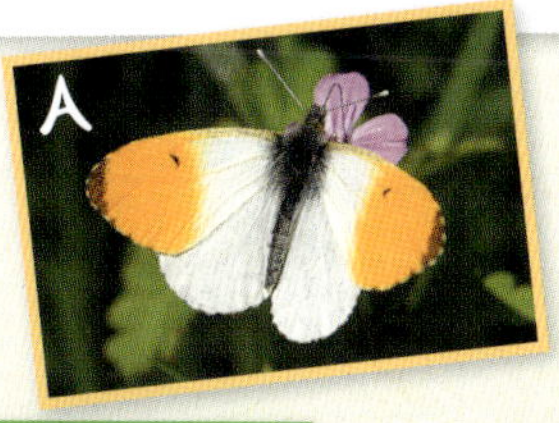

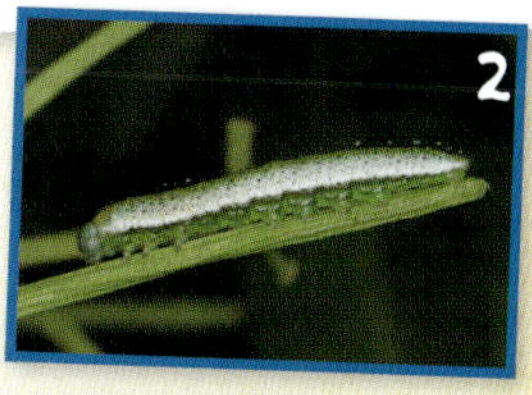

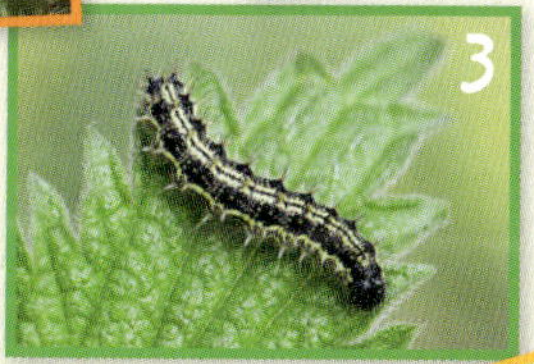

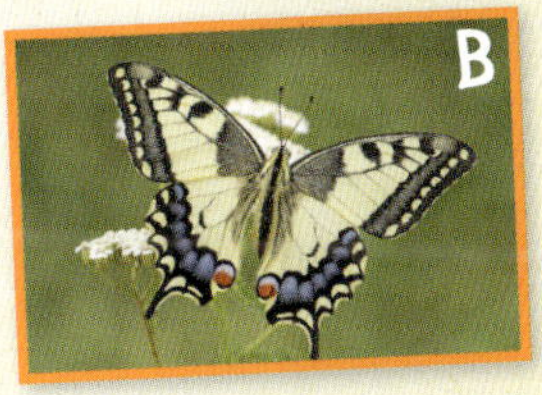

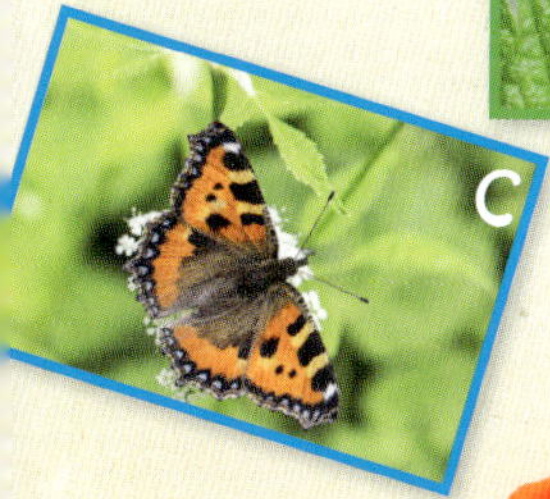

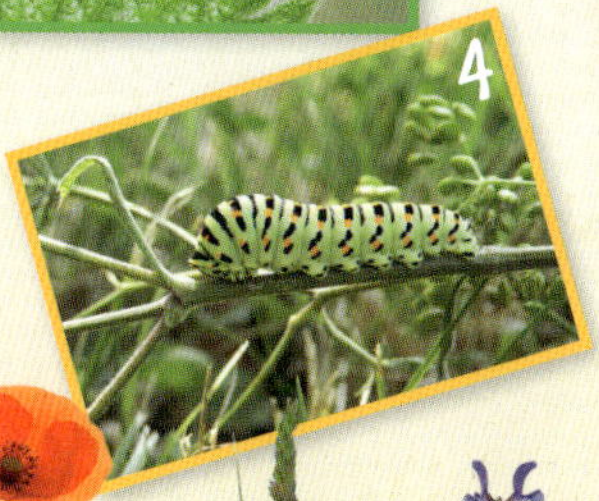

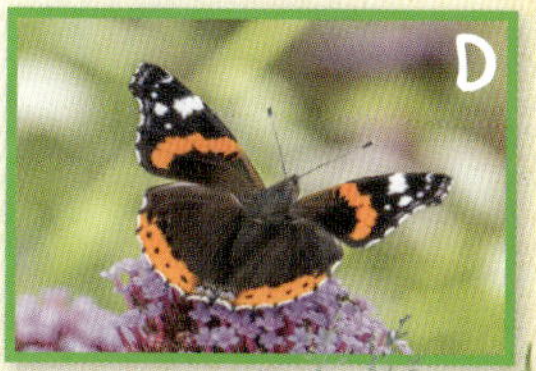

Lösung: 1D, 2A, 3C, 4B

TIERE IM BACH

Im Sommer am Bach, an Tümpeln oder in kleineren Flüssen zu plantschen kann herrlich erfrischend sein. Aber hast du dich schon einmal genau umgesehen und entdeckt, wie viele kleine Tiere und Pflanzen sich dort befinden?

Welche Tiere kannst du am und im Teich entdecken? Kreuze an!

Libellenlarve

Gelbrandkäfer

Wasserschnecke

Köcherfliegenlarve

Teichmolch

Wasserläufer

Unterwasser-Lupe

Wenn die Wasseroberfläche von einem Bach oder einem Fluss in Bewegung ist, kann man oft nur sehr schlecht sehen, was sich darunter verbirgt. Eine Unterwasser-Lupe kann für besseren Durchblick sorgen.

Du brauchst:

- leere Konservendose
- Dosenöffner
- Frischhaltefolie
- 4–5 Haushaltsgummis

Mit dem Dosenöffner entfernst du zuerst auch die Unterseite deiner Dose. sodass du durch sie hindurchsehen kannst.

Dann legst du ein ausreichend großes Stück Frischhaltefolie über eine der Dosenöffnungen. Zieh die Folie schön straff und spanne sie mit den Haushaltsgummis fest um den Dosenrand.

Jetzt ist deine Unterwasser-Lupe bereit für den ersten Einsatz!

Egal, ob Fluss, Bach oder Teich: Suche dir ein Ufer, auf dem du sicher stehen oder hocken kannst, und tauche deine Unterwasser-Lupe ins Wasser. Das Wasser drückt die Folie von unten in die Dose hinein und sorgt für einen Vergrößerungseffekt.

Richtig beobachten:

- Verhalte dich ruhig.
- Achte darauf, dass dein Schatten nicht auf die Wasseroberfläche fällt, sonst vertreibst du die Tiere.

WILDKRÄUTER –
Salat aus der Natur

Eine Sommerwiese duftet wunderbar und vieles, was hier wächst, schmeckt sogar auch sehr gut. Wenn du Lust auf eine kleine Wildkräuter-Probier-Mutprobe hast, findest du hier einige Kandidaten.

Achtung!

Dafür musst du aber unbedingt eine Wiese finden, die nicht gedüngt ist. Von den Wildkräutern pflückst du jeweils nur wenige, wäschst sie und zeigst sie vor dem Verzehr unbedingt noch einem Erwachsenen.

Wenn du Lust hast, kannst du mithilfe der Abbildungen einen Wildkräutersalat zusammensuchen.
Sammle jeweils einige Blüten oder Blätter der abgebildeten Pflanzen. Wasch sie gründlich und lass sie trocknen. Dann vermischst du sie mit den Blättern eines grünen Salatkopfs und gibst ein wenig Salatdressing darüber. Fertig ist dein Wildkräutersalat!

Von **Sauerampfer** sollte man nur wenige, ganz junge Blätter essen. Er schmeckt, wie der Name schon ahnen lässt, leicht säuerlich. Drei bis vier Blätter reichen.

Giersch ist ein bisschen wie scharfe Petersilie. Man kann ihn als Salat, aber auch gekocht wie Spinat essen. Die jungen Triebe schmecken am besten.

Borretsch hat einen gurkenähnlichen, würzigen und erfrischenden Geschmack. Hier schmecken Blätter und Blüten.

Die Blüten des **Rotklees** schmecken wunderbar süß und sehen im Salat toll aus.

Gänseblümchen
Die Blätter ähneln im Geschmack dem Feldsalat. Junge Blätter sind besonders mild. Die Blüten sind leicht bitter mit einem Hauch Kamille.

Löwenzahn schmeckt leicht bitterwürzig, pflücke nur die kleinen, jungen Blätter.

AUF DEM FELD

Im Sommer kannst du bei deinen Spaziergängen unterschiedliche Feldfrüchte entdecken. Die unterschiedlichen Getreidearten kannst du am einfachsten an den Grannen unterscheiden. Das sind die starren Haare an den Ähren. Aber es gibt noch mehr zu beobachten. Sieh nach, welche Felder du im Moment entdecken kannst, und kreuze an!

Zuckerrüben

Raps

Kartoffeln

Sonnenblumen

Mais

Erkennst du die einzelnen Getreidearten?

1

Dieses Getreide hat die längsten Grannen. Es wird als Tierfutter verwendet. Aus den Körnern werden Grieß, Graupen und Brotmehl hergestellt. Aber vor allem ist es als einer der Grundbestandteile von Bier bekannt.

2

Dieses Getreide hat keine Grannen. Es wird bei uns am häufigsten angebaut. Aus ihm werden die meisten Brotsorten gemacht, aber es wird auch als Zutat für Nudeln, Grieß, Weißbier und Stärke verwendet.

3

Dieses Getreide hat keine Grannen. Die Körner sitzen nicht an einer Ähre, sondern an kleinen Rispen. Es liefert gutes Futter, besonders für Pferde. Aber auch für Kühe und Hühner. Bekannt ist es aber vor allem für seine Flocken.

4

Dieses Getreide hat mittellange Grannen. Aus den Körnern wird dunkles Mehl für Brot und Brötchen gemahlen, sie werden auch als Tierfutter benutzt.

Lösung: 1. Gerste, 2. Weizen, 3. Hafer, 4. Roggen

Entdeckerbogen AUGUST

Hochsommer! Das bedeutet erntereife Getreidefelder und den Duft von frischem Heu. An lauen Sommerabenden kannst du das Summen der Mücken hören und auch Fledermäuse beobachten. Kreuze an, was du im August draußen in der Natur entdeckst!

Sonnenblumen

☐ Sonnenblumen gehören zum Sommer dazu. Als junge Pflanzen drehen sie ihre Köpfe zur Sonne hin, um möglichst viel Licht abzubekommen.

Wespen

☐ Jetzt ist Haupt-Wespen-zeit. Zu diesem Zeitpunkt müssen sich die älteren Wespen nicht mehr um die Aufzucht der Brut kümmern. So bleibt ihnen mehr Zeit, sich selbst mit Nahrung zu versorgen.

Seerosen

☐ Auf Seen und Teichen kannst du Blütenteppiche der Seerosen entdecken. Die Blüten sind bis zum Nachmittag geöffnet und schließen sich dann wieder.

Holunder

☐ Ab August reifen die glänzend schwarzen, beerenartigen Holunderfrüchte. Aus den gekochten Früchten kann man Marmelade und Saft herstellen.

Heuschrecken

☐ Auf den Wiesen sind im August die lauten Gesänge der Grillen und Heuschrecken zu hören.

Das habe ich außerdem entdeckt:

....

....

66

Mach was!

Eis, Eis, Baby!

Sommerzeit ist Himbeerzeit!
Hier kommt ein Rezept, mit dem du aus den frischen Beeren ein köstliches Himbeereis am Stiel zaubern kannst.

Zutaten für 4 Himbeereis am Stiel:

- ca. 200 g Himbeeren
- 100 g Sahne
- 100 g Sauerrahm
- 2 EL Zucker
- ein paar Spritzer Zitronensaft
- 4 Eisförmchen

Los geht's:

Wasche die Himbeeren gründlich und lass sie danach in einem Sieb abtropfen. Dann pürierst du die Beeren zu einem Brei und gibst die kalte Schlagsahne und den Sauerrahm hinzu. Vermische die Zutaten gut miteinander und füge dann den Zucker und ein paar Zitronenspritzer hinzu. Die Masse ist nun sehr cremig. Du kannst sie nun in die Eisförmchen füllen. Stelle sie dann für mehrere Stunden ins Gefrierfach.

Und schon hast du eine köstliche Erfrischung!

Tipp: Das Ganze kannst du natürlich auch mit Brombeeren, Erd- oder Blaubeeren machen!

MARIENKÄFER

Klein, rund und rot mit schwarzen Punkten – den Marienkäfer kennst du bestimmt. Die rot-schwarzen Marienkäfer sind nicht nur hübsch, sondern gelten obendrein als Glücksbringer. Höchste Zeit, mehr über die kleinen Krabbler zu erfahren!

Nach sechs bis neun Tagen Puppenruhe schlüpft dann ein flugfähiger Marienkäfer.

Die Larven ernähren sich wie ihre Eltern von Blattläusen, wachsen, häuten sich und verpuppen sich nach 30–60 Tagen.

Ende April bis Anfang Mai lege die Weibchen bis zu 400 Eier auf Pflanzen ab.

Aus diesen Eiern schlüpfen die Larven, die noch vollkommen anders aussehen als ihre Eltern.

Gruppenkuscheln

Im Herbst kannst du manchmal ein beeindruckendes Schauspiel beobachten! Zu Hunderten versammeln sich Marienkäfer, um unter Steinen, Laub, Moos oder auch in Fensterritzen gemeinsam zu überwintern.

Tschüs, Blattläuse!

Marienkäfer sind besonders bei Gartenbesitzern sehr beliebt, denn sie fressen massenweise Blattläuse. Ein einziger Käfer kann im Laufe seines Lebens bis zu 5000 Läuse vertilgen!

Das Punkte-Rätsel

Viele Menschen glauben, dass die Anzahl der Punkte auf dem Rücken der Marienkäfer etwas über ihr Alter verrät, doch das ist falsch. Die Anzahl der Punkte gibt dir Aufschluss über die Art, zu der der Marienkäfer gehört. Unser bekanntester Marienkäfer ist der Siebenpunkt-Marienkäfer. Es gibt aber auch Arten mit 20 oder sogar 24 Punkten, ebenso wie Arten mit gelben oder schwarzen Flügelpanzern.

Ameisen

Ameisen sind Insekten, die in Staaten zusammenleben. Sie sind Allesfresser und fressen auch andere Insekten und Spinnen. Die bekannteste Ameisenart bei uns ist die Rote Waldameise. Sie ist einen halben bis einen ganzen Zentimeter groß.

Ein Ameisenvolk, das in einem Staat zusammenlebt, kann aus bis zu einer Million Tiere bestehen. Die auffälligen Nesthügel sind dir im Wald vielleicht schon begegnet.

Lang lebe die Königin!

Ameisen leben unterschiedlich lang. Manche Arbeiterinnen leben nur ein paar Monate, andere können ein bis drei Jahre alt werden. Ameisenköniginnen haben eine längere Lebenserwartung: Sie können 20 Jahre und sogar noch älter werden.

Wie viele Insekten verräumt und verfüttert ein 1-Millionen-Staat Ameisen jährlich? Was meinst du?

a) 1 kg
b) 5 kg
c) 28 kg

(Lösung: c)

Eine Ameise ist ganz schön stark. Sie kann viel mehr tragen, als sie selbst wiegt. So schleppt eine Ameise auch lange Raupen oder dicke Käfer ins Nest.

Krabbelnde Ordnungshüter

Ameisen sind die Gesundheits-
polizei des Waldes.
Sie schleppen tote Tiere weg.
Deshalb, und weil sie auch
schädliche Insekten fressen,
sind Ameisen besonders
nützliche Tiere.

!! Werde zum Ameisenforscher

An einer Ameisenstraße lassen sich spannende Beobachtungen machen:

1. Gehe an der Ameisenstraße entlang und zähle deine Schritte. Wie lang ist die Straße?
2. Lege vorsichtig ein Hindernis auf die Straße und beobachte, was passiert.
3. Vielleicht findest du ein totes Insekt. Lege es auf die Straße und beobachte, was die Ameisen damit tun.

Notizen:

_____

_____

_____

Freche Streiche, lustige Tricks und Spaß

Die Natur bietet eine Fülle von Phänomenen. Mit einigen Pflanzen kann man eine Menge Spaß haben. Also Augen auf beim nächsten Spaziergang. Hier kommen ein paar Ideen für dich.

Vorsicht, Explosionsgefahr!

Das heimische Große Springkraut mit seinen gelben Blüten ist garantiert die lustigste Pflanze weit und breit. Bei diesem Kraut stehen die Früchte unter Spannung. Berührst du die reifen Kapseln, schießen dir die Samen entgegen.

Achtung, Klette!

Hättest du gedacht, dass die Natur den Klettverschluss schon lange Zeit vor uns kannte? Die runden Samenstände der Klette sind mit vielen kleinen Widerhaken besetzt und bleiben deshalb ganz ohne Kleber an der Kleidung haften! Wie wäre es mit einer kleinen Klettenschlacht? Wer die meisten Treffer abbekommt, hat verloren!

Natur-Propeller

Ahornsamenhülsen kannst du besonders gut im Spätsommer oder zu Herbstbeginn finden. Sind sie trocken genug, fallen sie in einer spiralförmigen Bewegung vom Baum. Wenn du sie vom Boden aufhebst und dann fliegen lässt, drehen sie sich wie kleine Propeller.

Nasenzwicker

Die geflügelten Früchte des Ahorns sind immer paarweise verbunden und gut für einen kleinen Spaß zu haben. Öffnet man die klebrige Fruchthülle ein bisschen, kann man sie so prima auf der Nase befestigen.

Hier herrscht übrigens Juckpulver-Alarm! Die Hülsen von Ahornsamen sind nämlich mit winzigen, haarähnlichen Fasern bedeckt, die auf unserer Haut einen Juckreiz auslösen.

DAS GROSSE KRABBELN –
Kleine Wesen im Verborgenen

Der Boden ist voller Leben!
Wenn du mit deinen Füßen auf
dem Erdboden stehst, tummeln sich
unter deinen Füßen mehr Lebewesen als Menschen auf der Erde.
Die meisten sind so winzig klein,
dass wir sie mit bloßem Auge gar
nicht erkennen können. Aber was
lebt überhaupt da unten?

Die Wald-Müllabfuhr

Neben Milben, Würmern, Springschwänzen, Larven etc. ist die Mehrheit der hier vorhandenen
Lebewesen weder mit bloßem Auge noch mit
der Lupe zu erkennen: Es sind Mikroorganismen
wie Bakterien, Pilze und Algen.

Diese Bodenbewohner helfen dabei, das alte,
abgestorbene Pflanzenmaterial zu zersetzen und
in neue, fruchtbare Erde umzuwandeln.

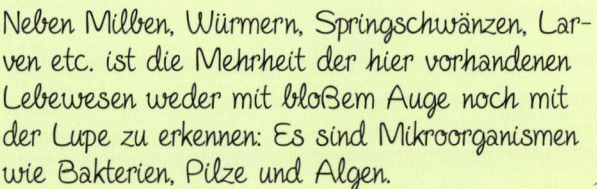

74

Zieh dir Gartenhandschuhe an und suche im Laub, in der Erde, unter Steinen oder Totholz nach Lebewesen. Wen und wie viele kannst du entdecken?

Larven

Regenwürmer

Springschwänze

Ohrwürmer

Käfer

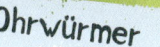

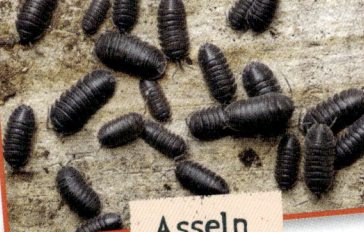

Asseln

Ameisen

Im September geht der Sommer langsam in den Herbst über. Offizieller Herbstbeginn ist am 22. oder 23. September. Kreuze an, was du im September draußen in der Natur entdeckst oder erlebst!

Spinnennetze

☐ Wenn der Tau von der kühlen Nacht am Morgen in der Sonne glitzert, kannst du Spinnennetze besonders gut sehen.

Äpfel

☐ Jetzt sind die meisten heimischen Apfelsorten reif. Im September ist Haupterntezeit. Auch Birnen und Pflaumen können jetzt geerntet werden.

Fliegenpilz

☐ Mit seinem breiten, roten Hut und den weißen Schuppen darauf ist er leicht zu erkennen. Der Fliegenpilz ist ein giftiger Pilz.

Bucheckern

☐ Erst nach ca. 30 Jahren trägt eine Buche erstmals Bucheckern. Vor allem Wildschweine schlagen sich damit gerne den Magen voll.

Hornissen

☐ Im September haben Hornissen Hauptflugbetrieb. Gegen Ende des Monats stirbt das Hornissenvolk und nur die Königin überwintert.

Das habe ich außerdem entdeckt:

....

....

Mach was!

Kartoffeldruck

Im Spätsommer ist Kartoffelerntezeit. Aber die Knollen schmecken nicht nur gut, du kannst auch tolle Stempel aus ihnen machen!

Du brauchst:

- Kartoffeln
- Plätzchen-Ausstecher
- Messer
- Acrylfarbe

Halbiere zuerst die Kartoffeln. Dann drückst du mittig einen Plätzchen-Ausstecher in die Schnittfläche. Mit einem Messer schneidest du vorsichtig den Rand rings um dein Motiv weg. Pinsle deinen Kartoffelstempel mit etwas Acrylfarbe ein und stemple los! Du kannst Stoff, Papiertüten oder Postkarten auf diese Weise supereinfach verschönern!

Wusstest du ...?

Die Herbstferien hießen früher Kartoffelferien. Eine gute Kartoffelernte war früher überlebenswichtig. Wochenlang half jeder, der konnte, von morgens bis abends, um die kostbaren Knollen rechtzeitig aus dem Boden zu holen.

PILZE

Wenn nach regenreichen Tagen die Sonne scheint, dann schießen über Nacht die Pilze aus dem Boden. Manche Pilze sind essbar, andere giftig.

Tier oder Pflanze?

Pilze sind Lebewesen. Sie bestehen aus einzelnen Zellen mit einem Zellkern. Sie bilden in der Biologie ein eigenes Reich neben den Tieren und den Pflanzen.

Putzkolonne

Pilze sind sehr wichtig im Kreislauf der Natur: Sie zerkleinern Abfälle, tote Tiere und tote Pflanzen. Nur Pilze schaffen es, bestimmte Bestandteile von Holz zu zersetzen. Auf diese Weise säubern sie den Wald und produzieren nährstoffreiche Erde.

Warum sind manche Pilze giftig?

Das Gift der Pilze schützt sie vor Fressfeinden. Viele Insekten oder Nagetiere wissen instinktiv, welche Pilze unverträglich sind, und lassen sie in Ruhe.

Vorsicht!

Pilze sammeln oder selbst gesammelte Pilze zubereiten solltest du unbedingt nur zusammen mit einer Person, die sich gut mit Pilzen auskennt!

Giftpilze bei uns im Wald:

Weißer Knollenblätterpilz

Der Weiße Knollenblätterpilz ist überall weiß. Er ist extrem giftig. Der schlanke, lange Stiel entspringt einer Knolle. Der Hut ist seidig bis schmierig glänzend, je nach Wetter. Die Lamellen sind ebenfalls weiß.

Fliegenpilz

Der rote Hut des Fliegenpilzes mit seinen weißen Flocken ist schon von Weitem zu sehen. Der weiße Stiel ist unten knollig verdickt. Die weißen Lamellen haben keinen Kontakt zum Stiel. Die Manschette am Stiel ist eher hängend.

Kartoffelbovist

Sowohl im Aussehen als auch im Gewicht ähnelt der Kartoffelbovist einer echten Kartoffel. Er hat einen knollenförmigen, gelbbräunlichen Fruchtkörper und wächst gerne in Gruppen.

Grüner Knollenblätterpilz

Der Grüne Knollenblätterpilz ist einer der giftigsten Pilze bei uns. Der Stiel entspringt einer Knolle und ist weiß. Die Manschette ist weiß und angewachsen. Der Hut ist grünlich weiß und glatt. Die weißen Lamellen schimmern manchmal grün.

SPINNEN

Behaarte Beine, kräftige Mundwerkzeuge und acht Augen – so richtig niedlich finden die wenigsten Menschen Spinnen. Dabei sind Spinnen faszinierende Tiere. Viele Arten weben kunstvolle Netze und sind in der Lage, sowohl senkrecht als auch über Kopf zu laufen, ohne abzustürzen. Alle Spinnen sind mehr oder weniger giftig. Aber für Menschen sind die allermeisten völlig ungefährlich.

??? Kleines Spinnen-Quiz!

1.) Wie kann man Spinnen von Insekten unterscheiden?

- Insekten haben immer Flügel.
- Insekten haben sechs Beine, Spinnen acht.
- Insekten sind kleiner als Spinnen.

2.) Wie viele Augen haben die meisten Spinnen?

- zwei
- vier
- acht

3.) Richtig oder Falsch? Spinnenseide ist …

- viermal so belastbar wie ein gleich dicker Strang aus Stahl
- elastischer als Gummi
- extrem reißfest

Lösungen: 1.) Spinnen erkennt man an ihren 8 Beinen, 2.) acht, 3.) alle Antworten sind richtig.

Vielleicht entdeckst du gerade jetzt um diese Jahreszeit die ein oder andere heimische Spinne.

Kreuzspinne

Die Kreuzspinne ist ganz leicht an ihrem Kreuz auf dem Rücken zu erkennen.

Zebraspringspinne

Klein, aber oho! Die Zebraspringspinne ist gerade mal fünf Millimeter groß, macht aber große Sprünge.

Ammen-Dornfinger

Der Dornfinger kann mit seinen Giftzähnen richtig schmerzhaft zubeißen! Zum Glück lebt er nicht im Haus, sondern auf der Wiese.

Große Winkelspinne

Die Große Winkelspinne lebt gerne in unseren Wohnungen und Kellern. Sie sieht richtig gefährlich aus, ist aber völlig harmlos für uns.

Weberknecht

Sieht aus wie eine Spinne, ist aber keine! Er gehört wie Skorpione und Zecken zu den Spinnentieren.

Wespenspinne

Die gelb-schwarze Zeichnung dient der Warnung an potenzielle Fressfeinde. Nach der Paarung der Wespenspinnen verspeist das Weibchen das Männchen meist.

Bäume und ihre Früchte

Neben den Obstbäumen, etwa Apfel- oder Birnbaum, haben auch andere Bäume wie Ahorn, Linde, Kastanie und Buche auffällige Früchte. Kennst du dich aus?
Wer gehört hier zu wem?

A

B

C

D

E

F

kLeine Quizfrage

Warum werfen Laubbäume im Winter
ihre Blätter ab?

    A: Weil sie sonst verdursten würden.

    B: Weil sie sonst erfrieren würden.

    C: Weil sie sich von Giftstoffen
      befreien wollen.

Richtig sind die Antworten A und C.

1

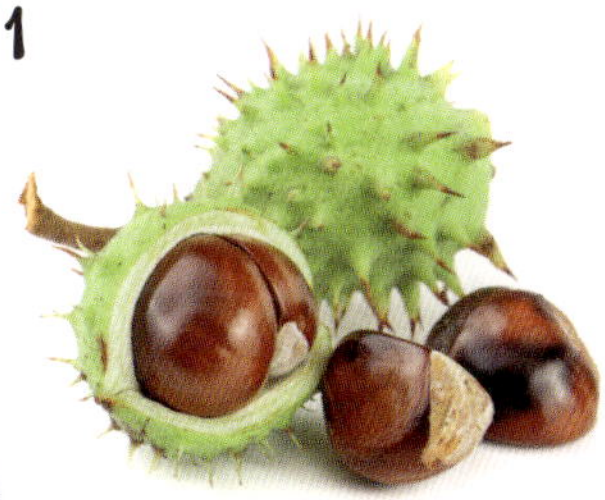

2

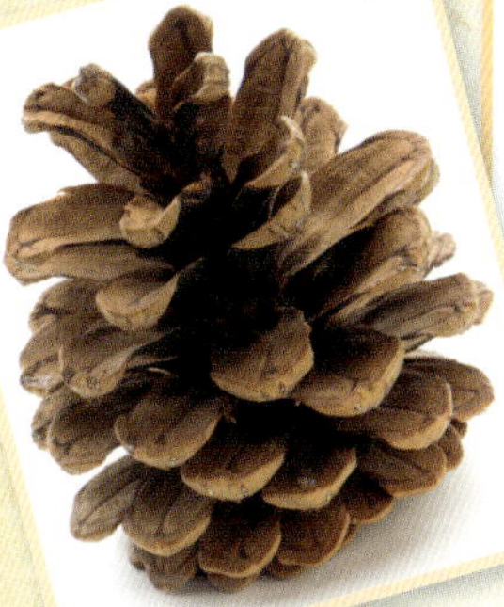

3

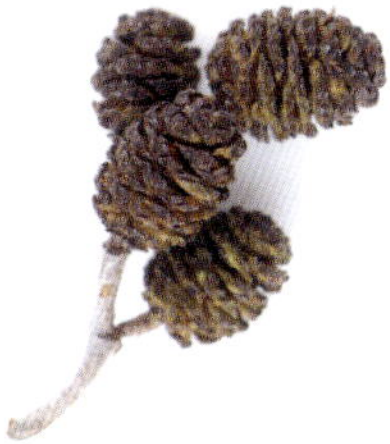

4

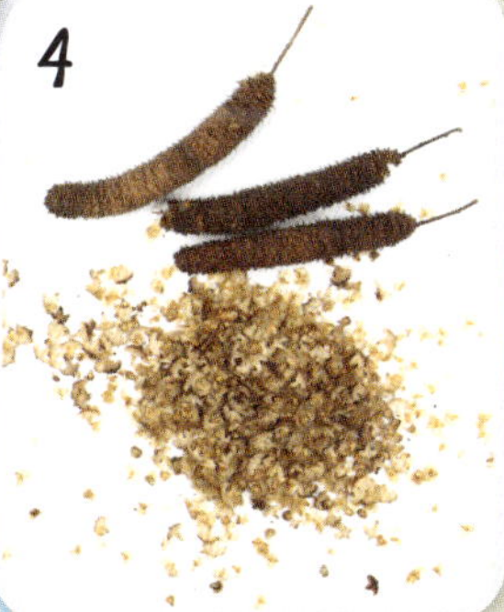

5

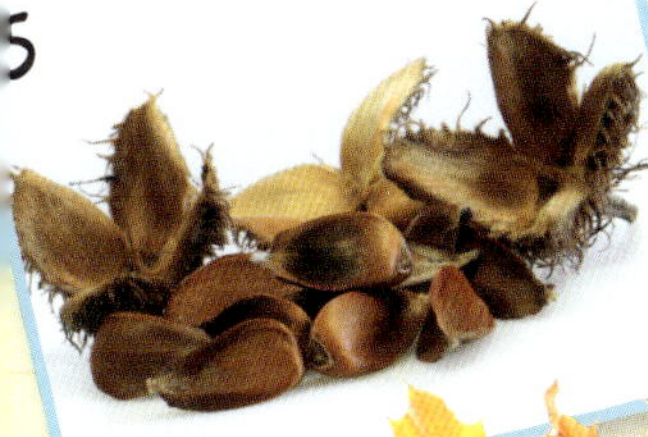

6

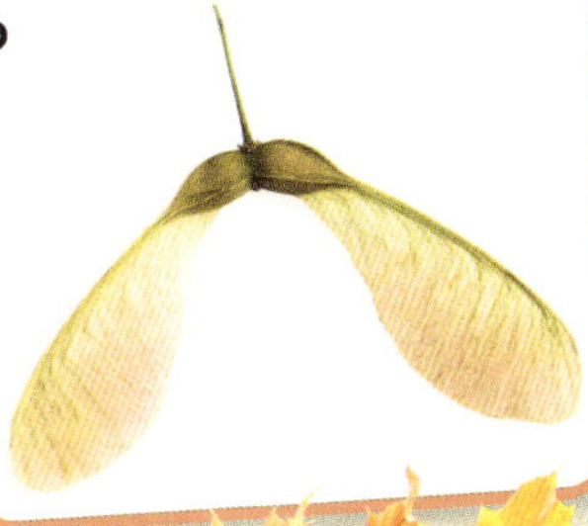

ACHTUNG, GIFTIG!
Heimische Giftzwerge

Nur gucken, nicht anfassen!
Dass Wespen, Bienen oder Hornissen
einen Giftstachel haben, ist ja bekannt.
Aber wusstest du, dass es vor unserer
Haustür noch einige andere giftige Tiere
gibt? Sie sind aber für uns Menschen meist
ungefährlich.

Die **Aspisviper** ist eine tagaktive Schlange und erbeutet vor allem kleine Säuger, Eidechsen und Vögel. Sie ist zwar nicht so giftig wie die Kreuzotter, trotzdem kann ihr Biss sehr unangenehme Folgen haben. Die Wunde schwillt an und es kann zu Atemnot und Herzbeschwerden kommen.

Der **Ammen-Dornfinger** ist auf Waldlichtungen, Äckern und Wiesen zu finden. Vor allem wenn die Spinne den Kokon mit ihren Jungen verteidigt, kann es zu einem Biss kommen. Ihre kräftigen Klauen können die menschliche Haut durchdringen und ein Gift in den Kreislauf bringen, das Schmerzen, Schwellungen und Übelkeit verursachen kann.

Kreuzotter
Die Schlange hat meist ein auffälliges Zickzackmuster auf ihrem Rücken. Sie steht unter Artenschutz. Ihr Biss kann äußerst schmerzhaft sein und gefährliche Folgen haben, aber dass jemand gebissen wird, passiert äußerst selten. Selbst wenn sie beißen, geben die Schlangen meist nur eine sehr geringe Menge an Gift ab, da es für sie aufwendig ist, dieses zu produzieren.

Man begegnet **Ölkäfern** immer seltener, da ihr Lebensraum, vor allem Wiesen, zunehmend verändert wird. Sichtet man den Käfer mit dem überdimensionalen Hinterleib dennoch, sollte er auf keinen Fall angefasst werden.
Bei Gefahr versprüht der Ölkäfer ein giftiges Sekret. Starke Schleimhautreizungen und Entzündungen

Klein, niedlich, aber oho!
Die **Wasserspitzmaus** und die **Sumpfspitzmaus** sind die einzigen Säugetiere in Europa, die Giftdrüsen haben. Das Gift lähmt ihre Beute (Kleinkrebse, Insektenlarven und andere Wasserlebewesen). Für Menschen ist ein Biss höchstens schmerzhaft und führt zu lokalen Schwellungen.

Der **Feuersalamander** ist ein scheues Tier. Schon die grelle, gelbe Färbung seiner Haut schreit: »Nicht anfassen - giftig!« Das ist auch gut so, denn auf der Oberfläche seines Körpers bildet er ein schleimiges Sekret. Für uns Menschen ist dieses Gift vor allem unangenehm, wenn es mit Augen oder Schleimhäuten in Kontakt gerät. Also besser: Nur gucken, nicht anfassen!

Entdeckerbogen
OKTOBER

Im Oktober wird es noch einmal richtig farbenfroh. Bunte Blätter fallen von den Bäumen. Die Tage werden kälter und kürzer. Kreuze an, was du im Oktober draußen in der Natur entdeckst oder erlebst!

Hagebutten

☐ Man kann sie kaum übersehen, so rot leuchten jetzt die reifen Hagebutten. Die Früchte der Rosen sind im Herbst und Winter wichtige Nahrungsquelle für verschiedenste Tiere.

Kürbisse

☐ Jetzt ist Kürbiszeit. Die Beerenfrucht ist ein wahrer Alleskönner – er leuchtet toll, er schmeckt lecker und er ist noch dazu unglaublich gesund!

Kraniche

☐ Ab Oktober ziehen die Kraniche in ihre Winterquartiere. Oft kannst du ihre trompetenden Zugrufe hören oder sie bei ihrem Flug beobachten.

Laub

☐ Im Oktober legen Bäume und Büsche ein buntes Finale hin. Du kannst rote, goldgelbe und tiefbraune Blätter in allen Nuancen entdecken.

Eichhörnchen

☐ Wenn im Herbst die Früchte und Samen reifen, ist für Eichhörnchen Erntezeit. Für den Winter verstecken sie besonders gerne Walnüsse und Haselnüsse in ihren Nahrungsdepots.

Esskastanien

☐ Die Früchte der Esskastanien stecken in stacheligen Kugeln. Auf Weihnachtsmärkten kannst du sie als heiße Maronen kaufen. Aber auch Haselmäuse, Eichhörnchen, Krähen und Eichelhäher futtern sie gerne.

Mach was!

Natur-Mandala

Bist du auf Spaziergängen auch gerne als Sachensucher unterwegs? Dann kannst du ein kleines Natur-Mandala mit deinen Fundstücken gestalten.

Du brauchst:

- Blätter
- Steine
- Stöckchen
- Blüten
- Moos

Gut ist es, wenn du von verschiedenen Gegenständen immer gleich einen ganzen Schwung sammelst. So wird dein Mandala regelmäßiger und schöner.

Dann suchst du dir eine ebene Fläche mit einem möglichst ruhigen Hintergrund.

Los geht`s!

Wähle zuerst ein besonderes Fundstück als Mitte aus. Dann kommt eine Kreisform für den äußeren Rand. Nun kannst du dich inspirieren lassen! Vielleicht hast du Lust, geometrische Formen zu legen oder Muster aus Farben und verschiedenen Texturen? Natürlich kannst du dich auch von der Kreisform lösen und einen Stern, ein Tier oder ein anderes Bild legen!

Wenn du fertig bist, kannst du zur Erinnerung ein Foto von deinem Natur-Mandala machen.

NATURSCHÄTZE

Die Blätter werden bunt und überall kann man Natur-
schätze finden! Nichts wie raus! Aber was kann man
mit Kastanien, Eicheln und Co. eigentlich machen?
Hier kommen ein paar Ideen!

Kastanien-Waschmittel

Kastanienmännchen hast du bestimmt schon
im Kindergarten gebastelt. Aber wusstest du,
dass man Kastanien auch als Waschmittel benutzen kann?

Du brauchst:

- 5–10 frische Kastanien
- lauwarmes Wasser
- ein mittelgroßes Schraubglas
- Nussknacker
- Messer

Zuerst wäschst du die Kastanien gründlich und lässt sie trocknen.
Dann knackst du die Kastanienschale mit einem Nussknacker, schälst sie
ab und schneidest die Früchte mit einem Messer in kleine Stücke. Vorsicht! Die Kastanien sind hart. Lass dir hierbei von einem Erwachsenen
helfen.
Dann gibst du sie in ein Schraubglas, füllst es mit Wasser auf und lässt
es über Nacht durchziehen, bis die Flüssigkeit milchig wird. Durch das
Einweichen lösen sich die in der Kastanie enthaltenen Seifenstoffe.
Wenn du das milchig-schaumige Wasser abgießt, ist dein
selbst gemachtes Waschmittel fertig!

Du kannst es wie gewohnt in das Spülfach der
Waschmaschine geben.

Selbst gemachte Tinte

Suche herabgefallene Eichenblätter, die auf der Blattunterseite ca. 2 cm große, kugelrunde Gebilde haben. Das sind Gallen, die Kokons der Eichengallwespenlarven. Sammle nur Gallen, die ein Loch aufweisen, ein, denn das ist ein Zeichen, dass die Gallwespe bereits geschlüpft ist.

Jetzt kannst du daraus wie die alten Ägypter »echte« Tinte machen. Dazu packst du die Gallen in ein Glas, gibst noch einen Eisennagel dazu und füllst das Glas dann mit Wasser auf. Lass es ein paar Wochen stehen, bis sich das Wasser grau gefärbt hat – das ist die Tinte. Wenn du sie noch dunkler und haltbarer machen möchtest, kochst du die Flüssigkeit in einem Topf ein. Jetzt kannst du eine Zeichenfeder in die Tinte tauchen und losschreiben.

Ruckzuck-Kreisel

Du brauchst:

1 Eichel (möglichst dick und groß)
Kastanienbohrer
1 Streichholz
Acrylstifte

Zuerst bohrst du oben mittig mit dem Kastanienbohrer ein kleines Loch in die Eichel. Dann halbierst du ein Streichholz und steckst eine Hälfte in das vorgebohrte Loch. Anschließend kannst du deinem Kreisel noch mit Acrylstiften Muster aufmalen.

IGEL

Igel fressen am liebsten Insekten und streifen in der Dunkelheit durch unsere Gärten. Mit ein bisschen Glück kannst du sie jetzt im Herbst auf der Futtersuche beobachten. Weil sie bald Winterschlaf halten wollen, müssen sich die Igel eine dicke Fettschicht anfressen, von der sie den ganzen Winter über zehren können.

Obst? Igitt!

Igel fressen hauptsächlich Insekten wie Käfer oder Raupen. Aber auch Regenwürmer, Tausendfüßer oder Schnecken. Früchte und andere Pflanzen gehören nicht zur Nahrung des Igels.

Steckbrief:

Größe: 25–30 cm
Gewicht: 800–1500 g
Alter: bis zu sieben Jahren

Feinde

Der Igel braucht nur eine Sekunde, um sich in einen Stachelball zu verwandeln. Einem zusammengerollten Igel können nur Dachs und Uhu gefährlich werden. Dank ihrer langen Krallen können diese auch einen vollständig eingekugelten Igel packen.

Igelhilfe!

Igel mögen abwechslungsreiche Lebensräume, in denen sie Versteckmöglichkeiten und Nahrung nahe beieinander finden. Wenn Igel sich genug Speck angefressen haben und der Winter kommt, verkriechen sich die kleinen Stacheltiere gerne im Garten.

Baue ihm einen Ast- oder Laubhaufen, wo sich der Igel verkriechen kann.

Du brauchst:

- abgeschnittene Äste und Zweige
- Blätter
- Moos

Suche zunächst ein ruhiges Plätzchen im Garten. Dort legst du die dickeren Äste locker übereinander. Darauf und dazwischen verteilst du dünnere Äste und Zweige. In die Zwischenräume packst du möglichst viel Laub und Moos. So kann der Igel im Winter gut geschützt Winterschlaf halten.

Das kannst du sonst noch für Igel tun:

- Säe einheimische Wildpflanzen an, damit es genügend Insekten gibt.
- Bitte deine Eltern, Haus und Garten möglichst wenig zu beleuchten. In der Dunkelheit fühlt sich der Igel am wohlsten.

KLEINE ZAPFENKUNDE

Die meisten Erwachsenen kennen den Unterschied zwischen Tannen und Kiefern nicht. Dabei ist es ganz leicht!

Fichte

Fichten haben hängende, längliche Zapfen (10–15 cm) und werfen diese ab.

Kiefer

Kiefernzapfen sind kugelförmig und recht hart. Kiefern werfen ihre Zapfen im Ganzen ab.

Tanne

Die Zapfen der Tanne stehen aufrecht auf den Zweigen. Ein Tannenzapfen fällt niemals ganz vom Baum, sondern wirft nur einzelne Schuppen ab.

Lärche

Die Lärche ist der einzige bei uns heimische Nadelbaum, der im Herbst seine Nadeln verliert. Ihre Zapfen sind 2,5–4 cm groß.

Zapfenstreiche

Wenn du beim Waldspaziergang Zapfen findest, kannst du dich im Zapfen-Weitwurf messen. Oder du nimmst ein paar davon mit nach Hause. Denn mit ihnen kann man tolle Sachen machen.

Wetterzapfen

Binde einen Faden an einen großen Fichtenzapfen und hänge ihn auf dem Balkon, auf der Terrasse oder vor deinem Fenster auf.
Bei schönem Wetter öffnen sich die Schuppen des Zapfens, bei feuchtem Regenwetter bleiben sie verschlossen.

Geheime Botschaft

Man kann in einem Kiefernzapfen sogar eine geheime Botschaft verstecken. Dazu legst du den Zapfen in einem trockenen Raum auf eine warme Heizung. Schreibe eine geheime Botschaft auf einen klitzekleinen Zettel und falte das Papier ganz zusammen. Stecke es zwischen die Schuppen der Zapfen. Dann legst du den Kiefernzapfen für längere Zeit nach draußen in die feuchte Luft. Du wirst sehen: Der Zapfen schließt sich und deine Botschaft wird unsichtbar eingeschlossen.

ZUGVÖGEL

Zugvögel nehmen jedes Jahr einen weiten Weg auf sich. Die meisten fliegen viele tausend Kilometer. Von Anfang September bis Anfang November kannst du den Vogelzug besonders gut beobachten. Im Winter finden viele Vögel hier in Deutschland nicht genug Nahrung. Würmer, Insekten und Schnecken verstecken sich in den tieferen Erdschichten und im gefrorenen Boden finden die Tiere keine Pflanzensamen.

Gruppenreise mit Teamspirit

Für ihre Reise in den Süden finden sich oft viele Vögel zusammen und fliegen dann in einer bestimmten Gruppierung. Vielleicht hast du auch schon einmal einen Vogelschwarm entdeckt, der aussieht wie ein großes »V«. Hinter dieser kunstvollen Choreografie steckt eine praktische Erklärung:

Der vordere Vogel gibt durch seine Flügelschläge dem hinter sich fliegenden Vogel Aufwind. Das heißt, der hintere Vogel hat es leichter vorwärtszukommen. Darum fliegt ganz vorn immer ein sehr starker, erfahrener Vogel. Wenn er erschöpft ist, tauscht er mit einem anderen starken Vogel die Position.

Rekordhalter

Küstenseeschwalben fliegen von allen Vogelarten den weitesten Weg. Von ihren Brutgebieten bis zum Winterquartier legen sie eine Stecke von 30 000–50 000 km zurück!

Ungefähr die Hälfte unserer heimischen Vogelarten sind Zugvögel. Es gibt sogenannte Kurz- und Mittel- und Langstreckenzieher.

Kurz- und Mittelstreckenzieher:

Sie fliegen im Herbst nach Südeuropa und Nordafrika. Zu diesen Vögeln gehören z. B. Kranich, Buchfink, Rotkehlchen, Star, Graugans und Singdrossel.

Langstreckenzieher:

Das sind Vögel, die in Afrika südlich der Saharawüste überwintern. Zu ihnen gehören z. B. Storch, Mauersegler, Schwalbe, Kuckuck und Nachtigall.

Ohne Google Maps

Zugvögel orientieren sich tagsüber am Sonnenstand und an Landmarken, nachts am Sternenhimmel. Außerdem haben sie einen eingebauten Magnetkompass, der ihnen bei schlechtem Wetter den Weg weist.

Naturforscher-Beobachtungs-Logbuch

ZUGVÖGEL BEOBACHTET:

Ort	Datum

95

Entdeckerbogen
NOVEMBER

Im November zieht sich das Leben in der Natur immer mehr zurück. Viele Tiere beginnen nun ihren Winterschlaf, ziehen in den Süden oder beenden ihren Lebenszyklus. Kreuze an, was du im November draußen in der Natur entdeckst oder erlebst!

Gallen

☐ Gallen sind die Kokons der Gallwespenlarven. Man findet sie an der Unterseite verschiedener Blätter, z. B. von Eichenblättern. Wenn sie ein Loch haben, ist die Gallwespe bereits geschlüpft.

Schlehenfrüchte

☐ Die Früchte der Schlehe schmecken erst nach dem ersten Frost süß. Bei vielen Vogelarten stehen Wildfrüchte jetzt in der kalten Jahreszeit hoch im Kurs. Ihnen machen die Dornen des Schlehdorns nichts aus.

Hainschnecken

☐ Die Hainschnecke bereitet sich auf den Winter vor und sucht sich unter Laub oder in der Erde einen Platz. Danach zieht sie sich in ihr Gehäuse zurück und verschließt die Öffnung. Sie verbringt den Winter in einer Kältestarre.

Nebel

☐ Im Herbst bedeckt häufig ein Nebelschleier die Landschaft. Nebelschwaden, die von Seen, Flüssen und Mooren emporsteigen, kannst du vor allem in den frühen Morgen- und späten Abendstunden beobachten.

Das habe ich außerdem entdeckt:

....

....

Mach was!

Erdvulkan bauen

Mit einem kleinen Trick lässt sich so ein Naturschauspiel ganz einfach nachbauen.

Du brauchst:

- leeren Joghurtbecher
- kleines Glas
- 2 Päckchen Backpulver
- 20 ml Essig
- rote Lebensmittelfarbe

Zuerst baust du einen einfachen Hügel aus Erde oder Sand, das ist dein Vulkankegel. In die Spitze drückst du den leeren Joghurtbecher, sodass er kaum noch oben rausschaut. Drücke die Erde rings um den Plastikbecher schön feste an.
Dann füllst du das Backpulver in den Becher. Den Essig vermischst du im Glas mit der Lebensmittelfarbe.
Nun kann es losgehen! Zünde deinen Erdvulkan, indem du die Essigmischung vorsichtig in die Vulkanöffnung gießt.

Du kannst den Vulkan auch mehrfach zünden. Dafür brauchst du dann einfach mehr Backpulver und Essig …

Tipp: Im Winter kannst du das Ganze auch prima umwandeln in einen Schneevulkan. Baue den Vulkankegel einfach aus Schnee statt aus Erde. Das funktioniert mindestens genauso gut!

WINTERSCHLAF UND WINTERRUHE

Winter heißt: Draußen ist es kalt, es schneit, regnet oder stürmt und es bleibt lange dunkel. Was machen die Tiere im Winter? Im Winter ist es nicht nur kalt, auch zu fressen gibt es in der Natur nicht mehr viel. Manche Tiere halten deshalb Winterschlaf, andere nur Winterruhe.

Weckt uns, wenn es wieder warm ist!

Winterschläfer sind Igel, Fledermäuse, Siebenschläfer und Murmeltiere. Diese Tiere suchen sich ein ruhiges Plätzchen und bauen sich ein bequemes Nest, in dem sie den langen Winter überstehen können. Sie fressen sich im Herbst ein dickes Fettpolster an, von dem sie zehren können, wenn sie den Winter in ihrem gemütlichen Winterquartier verschlafen. Damit die Fettreserven ausreichen, senken sie alle ihre Körpertemperatur und verlangsamen ihren Herzschlag.

Kein Tiefschlaf

Winterschläfer wachen zwischendurch auf, ändern ihre Schlafposition und geben Kot und Urin ab. Aber sie fressen nichts.

Wusstest du ...?

Igel atmen zum Beispiel statt 50-mal pro Minute nur noch ein- bis zweimal, das Herz schlägt statt 200-mal gerade noch fünfmal pro Minute.

Ruhige Kugel schieben

Winterruhe halten Dachs, Eichhörnchen, Waschbär und Braunbär. Tiere, die Winterruhe halten, senken ihre eigene Körpertemperatur nicht so stark wie Winterschläfer. Auch sie begeben sich in ein geschütztes Versteck oder in ihren Bau. Allerdings wachen sie ab und zu auf, um zu fressen.

Wusstest du ...?

Eichhörnchen verkriechen sich zur Winterruhe in ihren warmen Kobel und schlafen viel. Dabei rollen sie sich zusammen und wickeln ihren Schwanz als Schutz wie eine Decke um sich.

??? QUIZFRAGE

Halten Bäume auch Winterschlaf?

Nicht nur Tiere gehen in den Winterschlaf, auch Bäume haben Mechanismen entwickelt, um den Winter zu überstehen. So lassen sie ihre Blätter fallen und stellen das Wachstum ein.

Alle Tiere müssen mal!

Alle Tiere müssen mal aufs Klo. Für Naturdetektive ist das super, denn auch an den Haufen kannst du die Tiere erkennen. Kannst du die verschiedenen Kothäufchen den einzelnen Tieren zuordnen?

Aber – superwichtig!!!!
Fasse Kot, den du bestimmen willst, auf keinen Fall an! Manche Tiere haben Krankheiten oder Würmer, mit denen du dich anstecken könntest.

A

B

C

D

E

F

G

Eichhörnchen

Kuscheldecke und Sonnenschirm

Der Schweif ist beim Eichhörnchen fast genauso lang wie der restliche Körper. Mit ihm können sie balancieren, steuern und sich zudecken. Im Sommer spendet er Schatten.

Supernase

Eichhörnchen haben einen hervorragenden Geruchssinn. So können sie ihre Vorräte selbst dann wiederfinden, wenn der Boden mit Schnee bedeckt ist. Sie können Nüsse in bis zu einer Tiefe von 30 cm unter der Oberfläche erschnüffeln.

Nussknacker

Mit seinen langen, scharfen Zähnen knackt ein Eichhörnchen mühelos die härtesten Nussschalen. Die Zähne nutzen sich dabei ab, aber sie wachsen nach.

Das frisst ein Eichhörnchen:

Vogeleier und Insekten (nur selten). Im Herbst legt das Eichhörnchen seinen Vorrat für den Winter an. Dabei versteckt es Tausende von Nüssen. Kein Wunder, dass es das Futter häufig nicht wiederfindet.

Ein Haus? Reicht nicht!

Nachts oder bei Sturm und Regen verkriecht sich das Eichhörnchen gern in seinem Nest, dem sogenannten Kobel. Er besteht aus Zweigen, Blättern und Gras und sieht aus wie ein Ball. Eichhörnchen bewohnen mehrere Kobel gleichzeitig. Einige dienen zum Schlafen, andere als Rückzugsort bei Gefahr oder als Kammer für Futter.

Davor fürchtet sich das Eichhörnchen:

Fuchs, Habicht, Hermelin, Baummarder, Dachs

Das Eichhörnchen heißt so, weil es gerne Eicheln frisst, richtig?

Nein. In Wirklichkeit bekam das Eichhörnchen diesen Namen, weil es sich so flink bewegt. Der erste Teil des Namens (»Eich-«) leitet sich von dem über 1000 Jahre alten, althochdeutschen Wort »aig« ab. Das bedeutet so viel wie »sich schnell bewegen«. Und das passt prima zu den flinken Hörnchen!

Entdeckerbogen
DEZEMBER

Der Dezember bringt die längsten Nächte des Jahres, fast zwölf Stunden lang ist es draußen nun dunkel. Die Bäume haben ihre Blätter komplett abgeworfen und mit ein bisschen Glück fällt der erste Schnee. Kreuze an, was du im Dezember draußen in der Natur entdeckst oder erlebst!

Christrosen

☐ Sie ist eine der wenigen Blumen, die gerade blühen: die Christrose. Ihren Namen erhielt sie, weil sie in milden Wintern schon um Weihnachten blüht.

Saatkrähen

☐ Saatkrähen kannst du oft in großen Gruppen entdecken. Es sind Wintergäste aus Osteuropa.

Mistelzweige

☐ Misteln leben als Schmarotzer auf Bäumen. Du kannst ihre Zweige als kugelige Ansammlung in den winterkahlen Bäumen gut entdecken.

Stechpalme

☐ An der Stechpalme haben sich leuchtend rote Beeren gebildet. Sie sind für Menschen und einige Tiere giftig, für viele einheimische Vogelarten sind sie allerdings ein begehrtes Winterfutter.

Efeu

☐ Mit seinem immergrünen Laub ist der Efeu im Winter ein beliebter Schlafplatz von Singvögeln.

Das habe ich außerdem entdeckt:

....

....

Mach was!

4. Dezember
Barbaratag

Barbarazweige

Nach einem alten Brauch werden am 4. Dezember, dem Tag der heiligen Barbara, einige Zweige eines Kirschbaums geschnitten und im Haus in die Vase gestellt.

Wenn du auch blühende Zweige im Winter haben möchtest, probiere es einfach aus!

Du brauchst:

- Kirsch-, Pflaumen- oder Zierquittenzweige
- Vase
- Wasser

Schneide die Zweige Anfang Dezember ab und lege sie über Nacht in warmes Wasser. Am nächsten Tag kommen sie dann in die Vase. Die Zweige sollten immer genügend frisches Wasser haben. Am besten, du wechselst es alle drei bis vier Tage. Die Vase stellst du an einen warmen, hellen Ort, z. B. auf die Fensterbank, aber nicht zu nah an die Heizung. Zu viel Wärme lässt die Zweige austrocknen. Die Blüten sind bereits im kahlen Zweig angelegt. Die Zimmerwärme täuscht ihnen in den drei Wochen bis Weihnachten Frühlingstemperaturen vor.

Mit etwas Glück öffnen sich die Winterknospen pünktlich zum Weihnachtstag.

VOGELFUTTERIDEEN

Auch für gesunde Vögel ist es im Winter oft schwierig, genug Futter zu finden. Zu wenige Hecken und Sträucher tragen im Winter noch Früchte und viele Gärten sind so aufgeräumt, dass darin nichts Fressbares wächst.
Als echter Naturforscher hast du wahrscheinlich Lust, den gefiederten Freunden ein bisschen »unter die Flügel zu greifen« und die Vögel in der kalten Jahreszeit zu unterstützen.

Eine Futterstation ist einfach immer ein toller Beobachtungsplatz!

Erdnusskette

Du brauchst:

- ungeschälte Erdnüsse
- Stopfnadel
- Schnur aus Baumwolle

Zuerst fädelst du die Schnur in die Nadel ein und verknotest das Ende. Jetzt die Nadel in der Mitte der Erdnuss einstechen und auf diese Weise die Erdnüsse nacheinander auf die Schnur fädeln, bis die Kette die gewünschte Länge hat. Dann kannst du die Erdnusskette draußen im Garten oder am Balkon an eine geeignete Stelle hängen.

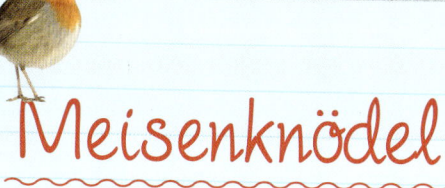

Meisenknödel

Du brauchst:

- 500 g Kokosfett
- 250 g Körnermischung
- Silikon-Muffinform
- Juteschnur

Schneide zuerst 30 cm lange Stücke der Juteschnur zurecht und verknote die Schnurenden miteinander.

Lege ein verknotetes Schnurende in jede Muffinmulde der Form. Dann erwärmst du das Kokosfett in einem Topf auf dem Herd auf niedriger Heizstufe. In der Zwischenzeit kannst du die Muffinförmchen mit der Körnermischung befüllen.

Anschließend schüttest du das geschmolzene Kokosfett dazu. Kühl stellen. Das Fett wird wieder hart und hält die Muffins zusammen. Sobald die Muffins erkaltet sind, kannst du sie aus den Silikonförmchen nehmen und auf-hängen.

Wie halten Tiere sich im Winter warm?

Bei Eis und Schnee draußen zu sein, kann viel Spaß machen – aber nur, wenn du warm genug angezogen bist. Doch wie machen Tiere, die nicht Winterschlaf oder Winterruhe halten, das? Um gut durch den Winter zu kommen, haben sie unterschiedlichste Strategien entwickelt.

Hier sind ihre Tricks:

Schnee-Iglu

Die Winterhaare von Rehen nennen sich Röhrenhaare und sind innen hohl, so ist Platz für die Luft. Das Luftpolster hilft den Tieren dabei, nicht so schnell auszukühlen und die Körperwärme zu speichern. Außerdem fressen sich Rehe Fettreserven für frostige Tage an. Bei Schneegestöber lassen sie sich einschneien. So wärmt der Schnee sie ähnlich wie ein Iglu.

Daunenjacke

Vögel wie das Rotkehlchen plustern sich auf, damit die Luftschicht zwischen den Flaumfedern sie wärmt wie eine Daunenjacke. Zusätzlich fetten sie ihre Federn gründlich ein: So kann kein Wasser durchdringen.

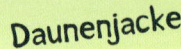

Gruppenkuscheln

Bienen bereiten sich gut auf die kalte Jahreszeit vor. Sie sammeln Vorräte und fahren den Stoffwechsel herunter. Den Winter verbringt das Volk aneinandergekauert im Nest. Es bildet eine Wintertraube mit der Königin in der Mitte, um sich gegenseitig vor der Kälte zu schützen.

Winterpelz

Fischotter leben hauptsächlich im Wasser und brauchen einen besonderen Schutz vor kalten Wassertemperaturen. Der Fischotter schützt sich mit einem besonders dichten Pelz vor der Kälte. Ihm wachsen ca. 50 000 Haare auf der Fläche eines Daumennagels. Damit hat er den vermutlich dichtesten Winterpelz im Tierreich.

Nur nicht bewegen

Trotz dicker Eisschicht überleben Fische den Winter. Sie tauchen ab zum Grund des Bachs oder Flusses, denn dort unten friert das Wasser meist nicht. Mit sinkenden Außentemperaturen fällt auch die Temperatur ihres Bluts. Sie kühlen ab, werden träge und fallen in eine Winterstarre, aus der sie erst im Frühjahr wieder erwachen. In dieser Zeit atmen sie kaum und auch ihr Herz schlägt nur alle paar Minuten.

Frostschutzmittel

Marienkäfer haben ihr eigenes Frostschutzmittel. Sie produzieren körpereigenes Glycerin, das den Gefrierpunkt ihrer Körperflüssigkeit senkt. Bei Kälte kühlen sie aus und fallen in Winterstarre. Ihre Körpertemperatur kann dann unter null Grad Celsius sinken, ohne dass sie erfrieren.

SCHNEE

Es gibt viele unterschiedliche Arten von Schnee. Schnee verändert sich zum Beispiel, wenn er länger liegt. Er wird dann dichter und fester, denn er wird von seinem eigenen Gewicht zusammengedrückt.

Pulverschnee

Wenn es sehr kalt und die Luft trocken ist, fallen besonders kleine Schneeflocken vom Himmel. So entsteht Pulverschnee, denn in der Luft ist kein Wasser enthalten, das die Schneekristalle zusammenkleben kann. Pulverschnee eignet sich weder für eine Schneeballschlacht noch für den Bau von Schneemännern. Er klebt nicht gut genug.

Feuchtschnee

Liegen die Temperaturen um den Gefrierpunkt, werden die Schneeflocken größer. Diesen Schnee nennt man Feuchtschnee oder Pappschnee. Er klebt schön und ist perfekt für Schneeballschlachten, Schlittenpartien und Co. geeignet!

Schneekristalle sind einzigartig

Wusstest du, dass es wahrscheinlich noch nie auf der Welt zwei exakt gleich aussehende Schneekristalle gegeben hat? Die Anzahl der möglichen Formen, die Schneekristalle annehmen können, ist nämlich riesig. Schneeforscher haben noch nie zwei exakt gleiche Kristalle gefunden!

Nassschnee

Wenn es noch etwas wärmer und die Luft feucht ist, dann kleben die Schneekristalle zusammen. Die Flocken werden dann dick und groß. Nassschnee erkennst du ganz einfach: Wenn man ihn zusammendrückt, läuft das Wasser aus ihm heraus.

Experiment

Werde Schneeforscher!

Lege dunkles Tonpapier für einige Stunden in den Kühlschrank. Dann nimmst du das Blatt und legst es so vor dein Fenster, dass einige Schneekristalle darauf landen können. Jetzt kannst du die Kristalle für einige Zeit in Ruhe unter einer Lupe betrachten.

Zeichne deinen Schneekristall hier auf:

MIX
Papier aus verantwortungsvollen Quellen
FSC® C002795

Bildnachweis

© **Adobe Stock Images:** 007; A_Bruno; Adogslifephoto; Adrian; Africa Studio; Aggi Schmid; akininam; aleksandrsb; Alekss; Alena; Aleš Nowák; Alex Stemmers; Alexander Erdbeer; Alexander Ozerov; Alexander Potapov; Alexey Protasov; Alexshyripa; alexus; Alfonsosm; alle; AL-U-MA; Amphawan; Anatolii; andi; Andrea; Andreas; andrei; Andrew Mayovskyy; Andrey Volokhatiuk; Angela; Animaflora PicsStock; Anita P Peppers; Anna E; Anna; Annett Seidler; ArtEvent ET; Artmim; Artsandra; ArtushFoto; asirf444; AVAV; Aynia; Ayupov Evgeniy; azure; bborriss; benno hansen; bennytrapp; Biewer_Jürgen; Bill Ernest; blende11.photo; Blickdichtes; bmf-foto.de; bobby310; brudertack69; by-studio; C. Schüßler; C5Media; candy1812; Carola Schubbel; Caroline Devulder; Chaiwat; chones; chones; Christian Jung; Christian Kaehler; Christian Pedant; christiane65; chumakovaslonik; cmnaumann; Composer; Coprid; creativenature.nl; credon2012; Dagmara Czechowska; Daniel; Daniel Berkmann; Daniel Ernst; Daniel Prudek; Darlya; Davemhuntphoto; David; Delphotostock; Dennisjacobsen; Diana Taliun; Dieter Hawlan; dil_ko; dimakp; DioGen; Dionisvera; Dmitry; Drhfoto; drubig-photo; dule964; DWP; Eberhard; Ecco; Ekaterina; emberiza; emuck; enskanto; Eric Isselée; Ermolaev Alexandr; Erni; Eva Kahlmann; evgeniya_m; ExQuisine; eyetronic; eyewave; fablok; Farinoza; Ferkelraggae; FLeiPhoto.de; Flexmedia; Floki; fotograf-halle.com; fotomarekka; fotomaster; fotoparus; Fotoschlick; fpic; framedbythomas; Frank Eccles; Frank Hoppe; Friedberg; frilled_dragon; George Dolgikh; georgy rozov/EyeEm; Gerhard; Gina Sanders; gitusik; Golubev Dmitrii; Grzegorz; GTL; gtranquillity; Gulsen Gunel; Guntar Feldmann; Guntar Feldmann; guukaa; guy; Hacki Hackisan; haiderose; Halfpoint; hannurama; Harald Biebel; Hcast; Heather Jane; Heike Rau; Henrik Larsson; Hermann; Hfox; hkuchera; Holger T.K.; Igor; IgorCheri; ILYA AKINSHIN; incomible; Ingairis; Ingo Bartussek; isumi; Iurii Kachkovskyi; Ivan Kmit; JAH; Jan Engel; jan stopka; jan37; janny2; jd-photodesign; Jean Kobben; Jhonsnejman; Joachim; joanna wnuk; Jonas; JPS; JuergenL; Jürgen Fälchle; Jürgen Hust; Jürgen Kottmann; K.-U. Häßler; Karandaev; karelian; Karin Jähne; karl.mock; Karoline Thalhofer; Kati Finell; Kazakova Maryia; kazakovmaksim; keliwa1a; Kikkerdirk; Kirill Gorlov; Kitty; Klaus Eppele; Kletr; Kojihirano; Kokhanchikov; Kolesnikovserg; kraichgaufoto; krissikunterbunt; kyslynskyy; L.Klauser; Lagom; lamzin; Lars Lachmann; Lena Balk; Leoniek; lewal2010; Li Ding; LianeM; lichtpinzel; LightingKreative; LiliGraphie; Lioneska; lisa Gött; Lubos Chlubny; luchs07; luko; lumen-digital; M. Schuppich; M.Dörr & M.Frommherz; mahey; Maik Meid; Makuba; mandritoiu; Manfred Stöber; Manuel Adorf; Marek R. Swadzba; Maria; Mario; Mark Ross; Martin; Marty Kropp; Matias; MEDIAIMAG; MEISTERFOTO; Melica; metelevan; Miceking; Michael; Michael Nitsche; Michael; miket; millaf; mirkograul; mmilliman; monropic; Mushy; naddya; Nailia Schwarz; nataba; natara; Natis; nazar12; nechaevkon; nelik; Netzer Johannes; New Africa; nezezon; NickVorobey.com; Nik_Merkulov; Nitr; NItr; Normankrauss; Oceloti; Oksana Schmidt; Okunsto; Olga; Olympixel; olympus E5; ondrejprosicky; oticki; oxie99; panda_71; panor156; Pavel; Pavel Parmenov; Pavol Klimek; Payllik; Perysty; Petra Reinartz; Philippe; pholidito; photocrew; photohampster; PhotoSG; photosvac; Piotr Krzeslak; pixarno; pixelliebe; PixelPower; plazacca meraman; puckillustrations; Racle Fotodesign; Radnatt; Ralf Seelert; Ramosh Artworks; ratpack223; RAW Digital Studio; Reflexperience; Rhönbergfoto; Richard Griffin; Rita Priemer; Rmj; Robert Biedermann; Robin; Roland; Romolo Tavani; Ronny Gängler; Rosemarie Kappler; rosifan19; Rostislav Sedlacek; RS.Foto; Ruckszio; Rudolf Schmidt; S.H.exclusiv; Sabine Se; Salome; Schlierner; Schmutzler-Schaub; sci; Scisetti Alfio; sebra; serkucher; Silvio; singkham; slim94; slowmotiongli; smile3377; Smileus; snyGGG; Soru Epotok; Soupstock; sp4764; Stefan; Stefan F. Wirth; Stefan Skalla; stgrafix; StockPhotoAstur; Susannahietanen; Svenja98; sveta_zarzamora; Swapan; Swisspics; Sylvia Mekelburg; Szasz-Fabian Jozsef; szczepank; Thaut Images; thayra83; thongchainak; thongchainak; Tim UR; TIMDAVIDCOLLECTION; Tim's insects; tmart_foto; Tomas Hulik; Tomasz; Tomasztc; Toncha; Toomler; tunedin; TwilightArtPictures; Tycson1; tzuky333; unpict; Uros Petrovic; UT; vadim_fl; Valentina R.; valery; vector_v; vectorpocket; Vectorvstocker; Vera Kuttelvaserova; vetre; Viorel Sima; Vitalii Hulai; vlad61_61; vvoe; wiha3; WildMedia; winyu; Wolfgang Jargstorff; Wolfilser; womue; www.dressler.photo; Xamtiw; Xavier; xlibes; yellowj; yevgeniy11; YK; yod67; zaharov43; zcy; zcy; Željko Radojko; Zenina; zeralein; Сергей Дудиков

© **Getty Images:** Chimpinski; grmarc; hchjjl; Netalieh; nornaurd; paladin13; sailorlun; sky_max; Tatiana Mezhenina; villagemoon; Wavebreakmedia Ltd; yasinguneysu

© **Shutterstock:** Lapina